I0474175

Social Marketing Su Pinterest

Le Mosse Essenziali Per Impostare La Strategia Giusta

GABRIELA TAYLOR

Copyright © 2012 Gabriela Taylor

Tutti I Diritti Riservati.

ISBN-13: 978-1477561935
ISBN-10: 1477561935

Note Legali

L'editore e l'autore hanno lottato per essere il più possibile accurati e completi nella creazione di questo libro. I contenuti sono esatti e aggiornati al tempo della stesura, tuttavia l'editore è a conoscenza del fatto che a causa del veloce cambiamento della natura di Internet qualche informazione potrebbe risultare non del tutto aggiornata al momento della lettura.

Anche se sono stati eseguiti tutti i tentativi per verificare le informazioni fornite in questa pubblicazione, l'editore non si assume alcuna responsabilità per errori, omissioni, o interpretazione contraria dell'argomento trattato. Eventuali offese percepite da persone o entità sono involontarie.

Tutti I Diritti Riservati

Copyright © 2012 – Gabriela Taylor. Tutti i diritti sono riservati, inclusi i diritti a riprodurre questo libro, o parti di esso, in qualsiasi forma. La distribuzione in qualsiasi modo di questo libro è vietata. Nessuna parte di questo testo può essere riprodotta, trasmessa, scaricata, decompilata, decodificata, o memorizzata o introdotta in qualsiasi sistema di archiviazione di massa, in qualsiasi forma o modo, che sia elettronico o meccanico senza il permesso scritto da parte dell'autore. La scansione, il caricamento, e la distribuzione di questo libro via Internet o attraverso qualsiasi altro metodo senza il permesso dell'editore è illegale e punibile a norma di legge. Si prega di acquistare soltanto edizioni elettroniche autorizzate, e di non incoraggiare o partecipare in azioni di pirateria elettronica di materiali protetti da diritti di autore.

Dedica

Questo libro è dedicato a mio marito per aver creduto in me. Senza il suo amore incondizionato e supporto la stesura di questo libro non sarebbe stata possibile e la mia vita e il mio lavoro mancherebbero di scopo e direzione.

Ti amo.

INDICE

SU QUESTO LIBRO

Questo libro rappresenta oltre otto mesi di ricerca e test mentre usavo Pinterest per i miei clienti e per la mia stessa presenza online. Non credo che qualsiasi altro libro su Pinterest disponibile al momento ti fornirà una tale guida completa al sito o una tale rappresentazione accurata dei benefici disponibili sia ai singoli utenti che alle imprese derivati dall'utilizzo di questo supporto media in espansione.

Come è iniziato tutto per me? Come professionista di marketing online è mio dovere mantenermi aggiornata con le ultime tendenze e nuovi supporti media. Ricevo migliaia di email, tweet, post e link di blog tutti i giorni e ognuno di essi ha il suo merito, a prescindere che si tratti degli ultimi strumenti di ottimizzazione web, conferenze di social networking, lanci per l'anno a venire o nuovi siti web di social media. Solitamente queste tendenze svaniscono e non sento molto altro su di loro ma un nome in particolare è entrato costantemente nel mio mondo negli ultimi 12 mesi ed ha una voce che sta diventando sempre più forte e sempre più grande come una palla di neve che rotola a valle...PINTEREST.

Dopo aver sentito così tanto su Pinterest mi è diventato chiaro che questa ultimissima tendenza è molto di più di una moda, ho deciso di dargli un'occhiata. Le prime impressioni non sono state fantastiche. In quanto persona molto organizzata il mio primo pensiero alla vista di Pinterest per la prima volta è stato che il sito era una confusione totale con foto che avevano nulla a che fare le une con le alter dappertutto sulla pagina. Non riuscivo a capire di cosa trattava il sito o quale fosse il suo scopo. Comunque ho pensato di provarlo così ho richiesto un invito e il resto è storia.

Pinterest, una volta che ci si abitua al suo funzionamento particolare è il sogno dei marketer online e spiegherò il perché in questo libro. Questo libro è il toolkit pratico per aiutarti a svelare questo nuovo fenomeno di social media e aiutarti a raggiungere i tuoi scopi qualsiasi essi siano: **estendere la conoscenza del marchio, aumentare il traffico al tuo sito, ottenere lead o vendite attraverso programmi di affiliazione o semplicemente fruire della semplicità e della bellezza di Pinterest.**

1
CHE COS'È PINTEREST?

Pinterest, l'ultimissimo fenomeno in materia di social network è esploso sulla scena ed ha come obiettivo collegare le persone attraverso le "cose che amano".

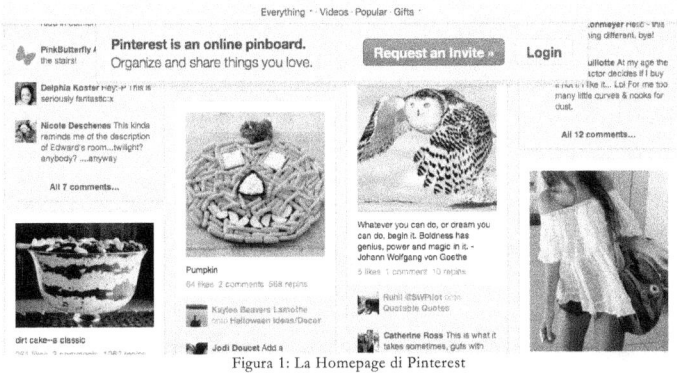

Figura 1: La Homepage di Pinterest

Si è parlato di esso come sito per la condivisione delle foto, bacheca, raccolta di siti preferiti, outlet creativo, rivista personalizzata e in molti altri modi. Qualunque cosa sia, a Maggio 2012 ha avuto più di 38 milioni di utenti in tutto il mondo con l'uso maggiore proveniente da Gran Bretagna e USA. Ciò che è ancora più interessante è che la maggior parte degli utenti di Pinterest negli USA sono donne tra i 25 e i 44 anni mentre al di fuori degli USA ci sono più utenti maschi che femmine: Gran Bretagna 62%, Italia 76%, Giappone 52% (fonte AdPlanner). Negli USA la moda e il bricolage dominano le bacheche, mentre nella Gran Bretagna Pinterest è utilizzato in gran parte a scopi aziendali e soprattutto per le presentazioni.

Figura 2: Fonte Mashable

Il sito Pinterest (www.pinterest.com) crea dipendenza. Oltre il 20% (2,000,000 di membri) degli utenti collegati tramite Facebook sono su Pinterest ogni giorno. Non illuderti; passerai ore a cercare sul web, le bacheche degli altri utenti, e ad aggiungere sulla tua bacheca blog, ricette e articoli. Probabilmente creerai anche delle bacheche tematiche andando avanti. Non è insolito che la gente passi ore "bachecando".

Alcune statistiche Internet hanno mostrato come gli utenti Pinterest passano più tempo su questa nuova rete che su Twitter, Linkedin e Google+ messi insieme e cinque volte in meno che su Facebook. E questo tempo passato sul sito è uno dei motivi perché Pinterest è il sogno dei web marketer. Di più su questo argomento verrà presentato più avanti nel libro.

Molte persone potrebbero seguirti dagli altri siti social media ai quali sei iscritto, però puoi farti grandi amici che hanno interessi simili anche su Pinterest. Se sei goloso, per esempio, puoi trovare centinaia (come minimo) di altri golosi con cui condividere ricette. Se ami gli sport o le auto, è valida la stessa cosa, potrai condividere in un batter d'occhio.

Pinterest è divertente, ma può essere anche lucrativo ed è impostato a diventare una piattaforma vitale di marketing per una ampia gamma di attività. Scrittori, marketer Internet, designer, organizzatori di eventi e molti altri hanno scoperto che Pinterest ha la capacità di attirare facilmente la gente verso il proprio lavoro o prodotto. Anche per quelli che non intendono sfruttarlo per fare soldi, questa avventura può essere divertente ed educativa e vale veramente la pena dargli un'occhiata.

2
LA STORIA DI PINTEREST

Esistono fonti diverse che dichiarano date diverse concernenti l'inizio di Pinterest. Wikipedia afferma che tutto quanto è iniziato a Dicembre 2009 a Palo Alto, California quando tre amici si sono incontrati per lavorare su un progetto divertente: Ben Silbermann (ha studiato architettura e lavorato come specialista del prodotto per Google), Evan Sharp (ha lavorato come product designer per Facebook e fondatore di HeaderFooter Design) e Paul Sciara (laureato presso l'Università di Yale nel 2003 e fondatore di Cold Brew Labs che è stata creata nel 2008 ed è ora la ragione sociale di Pinterest).

Figura 3: Da sinistra, i fondatori Paul Sciarra, Ben Silbermann, ed Evan Sharp. Fonte Mathew Scott per Bloomberg, Businessweek

Dopo che Pinterest è stato lanciato come versione beta a Marzo 2010, ha fatto presa su molti più settori di quanto si aspettavano i fondatori. La gente ha iniziato a utilizzarlo per pianificare compleanni, matrimoni o ferie, creare lavori di bricolage, elencare le cose che si desidererebbe indossare o che si aspira a possedere, e hanno fornito suggerimenti su vari argomenti.

Sin dal lancio il sito ha operato soltanto su invito e attualmente è tecnicamente ancora così anche se questo non ha impedito alla compagnia di crescere da 40,000 visitatori unici ad Ottobre 2010 a 3,2 milioni ad Ottobre 2011 e in seguito a ben 38 milioni di utenti a Maggio 2012. Consulta i grafici sulla pagina seguente, che indicano i visitatori unici giornalieri provenienti dai vari paesi forniti da Google Ad Planner. Ciò che questi indicano è la notevole e veloce crescita di Pinterest a livello globale. Come detto in precedenza nel libro esiste anche una adozione insolita e utilizzo enigmatico tra i dati demografici dei vari paesi. Nella Gran Bretagna Pinterest tende a essere adottato come uno strumento aziendale e di marketing senza rivali mentre negli USA non tende ad avere una adozione più "domestica".

USA

Daily Unique Visitors (cookies)

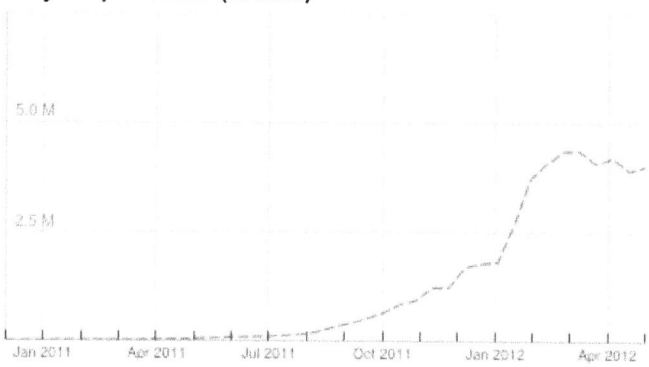

Gran Bretagna

Daily Unique Visitors (cookies)

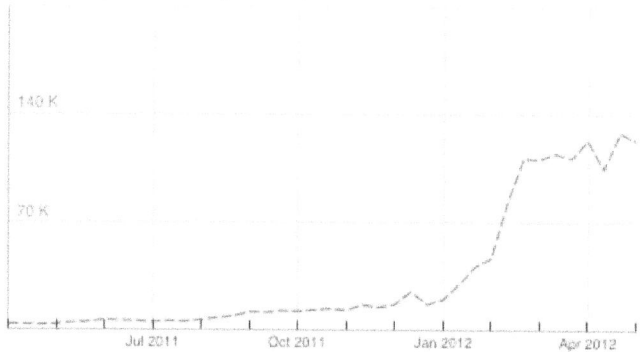

Germania

Daily Unique Visitors (cookies)

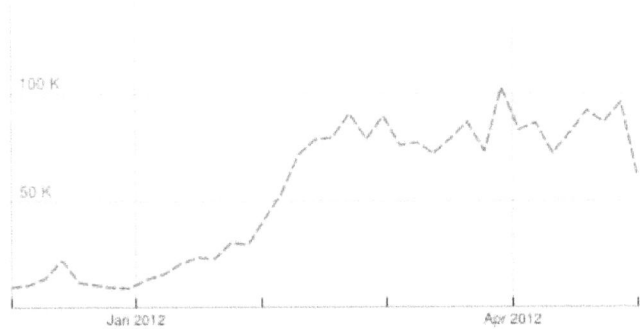

Francia

Daily Unique Visitors (cookies)

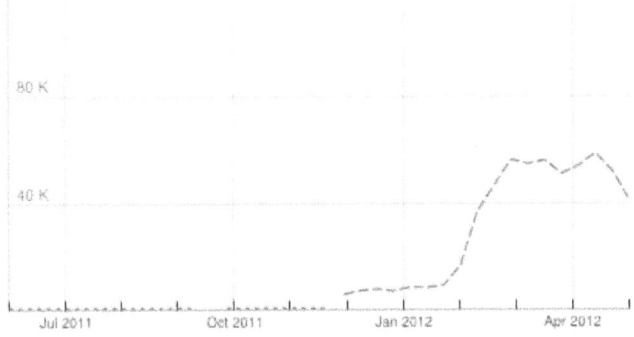

8

Spagna

Daily Unique Visitors (cookies)

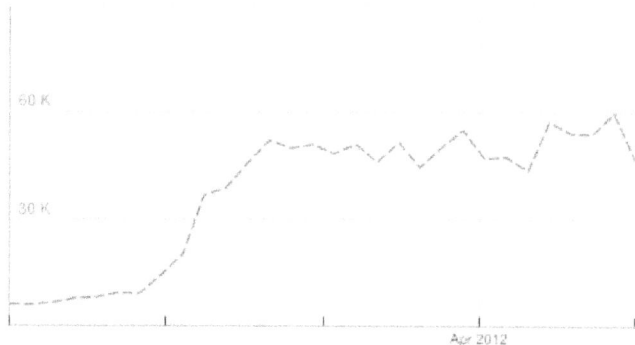

Italia

Daily Unique Visitors (cookies)

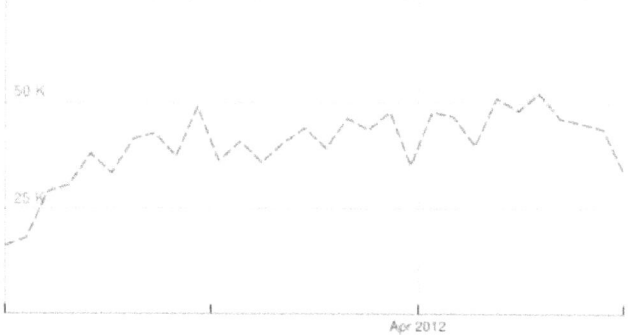

Figura 4: Fonte Google AdPlanner

In Italia i volumi di traffico sono bassi, anche se in crescita negli ultimi mesi. Nielsen ha rilevato a febbraio 287.000 utenti, mentre Google AdPlanner ne stima a Maggio 2012 910.000 (Facebook ha 21 milioni in Italia). La crescita di Pinterest dappertutto in Europa è un fenomeno di per sé e questo, credo, è soltanto l'inizio in termini di adozione, utilizzo e crescita.

In Asia Pacifica, Pinterest è molto popolare tra i paesi di madrelingua Inglese come Nuova Zelanda, Australia e Singapore. Queste figure sono ancora molto basse paragonate a quelle che riceviamo dai leader in questo mercato. Gli USA da soli portano più del 70% del traffico e la Gran Bretagna nella seconda posizione porta il 3%.

A Dicembre 2010, pochi mesi in seguito al lancio, Pinterest era già elencata nella Top Ten dei siti social network al numero 7, davanti a Google+ e Tumblr e dietro a Facebook, Twitter, Tagged, Linkedin, MySpace e myYearbook (fonte Hitwise) ed è stata nominata la migliore nascente del 2011 (fonte TechCrunch).

Search Trends mostra che Pinterest ha superato Google+ ad Ottobre 2011.

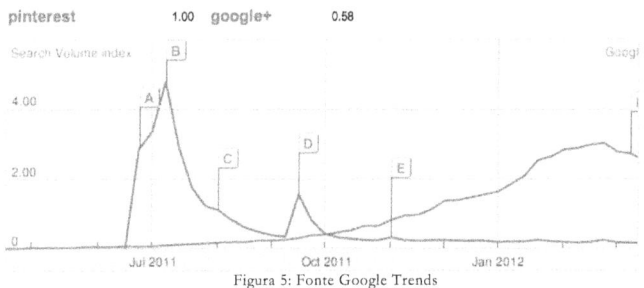

Figura 5: Fonte Google Trends

Statistiche recenti hanno anche rivelato che mentre Pinterest è una piattaforma di più facile utilizzo per le donne a causa del suo aspetto visivo, Google+ attrae più uomini, nello specifico studenti e appassionati di informatica. Le donne rappresentano il segmento di consumo più potente e più di 10% del segmento femminile su Pinterest guadagna più di $100,000 al mese. Quindi puoi vedere il potenziale che Pinterest ha per i marketer all'interno di questa chiave demografica.

Ad Aprile 2012 (dopo due anni dal lancio), Pinterest con 104 milioni di pagine viste è diventato il terzo social network per popolarità negli USA dopo Facebook (7 miliardi) e Twitter (182 milioni).

All'inizio di Aprile 2012 il CEO e co-fondatore di Pinterest, Paul Sciarra ha lasciato il social network per dedicarsi agli investimenti nelle startup di Andreessen Horowitz, uno degli investitori di Pinterest. Mentre a Pinterest, Sciarra era responsabile delle finanze, Ben della comunicazione ed Evan di design. Adesso sembra che Ben prenderà su posto di Direttore Generale.

Oltre al sito, Pinterest ha anche una applicazione per l'iPhone e per l'iPad e una versione mobile del sito (gli utenti Android possono utilizzare la versione mobile del sito per accedere a Pinterest).

L'espansione di Pinterest è avvenuta principalmente grazie alle casalinghe e al passaparola ed è giusto dire che la crescita di Pinterest è stata costante e sbalorditiva e inattesa. La cosa più insolita di Pinterest comunque è che è cresciuto così rapidamente ma in modo silenzioso. Non c'è alcun dubbio che Pinterest è molto di più che soltanto una moda – sarà un giocatore importante nei prossimi anni e bisogna stargli attorno. E mentre bisogna stargli attorno, si presenta come una opportunità di web marketing.

3
COME FA SOLDI PINTEREST?

Pinterest come molti altri social network o siti simili creati da utenti agli inizi ha l'obiettivo di non concentrarsi sul profitto ma piuttosto creare un prodotto o una piattaforma che gli utenti ameranno e che useranno in maniera costante. A Twitter e a Facebook ci sono voluti un paio d'anni per trovare una strategia di monetizzazione che non fosse invadente. Leggi il disclaimer sottostante che Pinterest ha messo sul proprio sito concernente questo argomento.

"In questo momento, siamo concentrati sulla crescita di Pinterest e renderlo migliore. Per finanziare questi sforzi, abbiamo considerato investimenti esterni da parte di imprenditori e venture capitalist. Abbiamo testato alcuni approcci diversi per fare soldi come i link di affiliazione. Potremmo anche provare ad aggiungere annunci pubblicitari, ma questo non lo abbiamo ancora fatto. Anche se avere un profitto non è la nostra principale priorità in questo momento, è un obiettivo a lungo termine. Dopotutto, vogliamo che Pinterest sia qui per restarci!"

La compagnia ha raccolto circa $37,5 milioni nel 2011 ed è stata finanziata da un gruppo di notevoli investitori e imprenditori. Yelp, Milo, Bebo, Behance o EventBrite essendo alcuni di loro. Non c'è molto dettaglio sulla situazione finanziaria della compagnia ma sembra che abbia una valutazione non confermata di $1.5 miliardi (Facebook – 103, Linkedin – 10, Twitter – 8, Instagram – 1), e probabilmente non ha alcun profitto... ancora.

Di recente, Pinterest ha sperimentato un paio di metodi per monetizzare il loro sito e un'associazione di marketing con Skimlinks era uno di essi. Gli esperti del settore dicono che l'hanno fatto per circa due anni e hanno rinunciato qualche settimana fa o quando hanno ricevuto un consistente venture capital o quando LLSocial.com ha pubblicato un articolo denunciando la loro strategia di monetizzazione. Squidoo e Moneysavingexpert hanno utilizzato anche loro Skimlinks per un periodo e poi ci hanno rinunciato, in quanto non rendeva abbastanza.

Giusto per chiarire, Skimlinks è un servizio esterno che automaticamente identifica link che hanno un programma di affiliazione e poi ci aggiunge un codice di affiliazione ad esso. Skimlinks normalmente offre una provvigione compresa tra il 2% e il 5%.

Riassumendo, si crede che Pinterest abbia alcuni pesi massimi del settore dietro di essa in termini di potere economico e di investimenti. Non si ritiene che abbia un profitto attualmente ma questo non ha impedito una valutazione non ufficiale della compagnia di circa $1.5 miliardi. Pinterest sta crescendo rapidamente, sia in termini di utilizzo che in dimensione aziendale e ci sono anche voci di altri rivali, più consolidati, che guardano Pinterest come una possibile acquisizione futura. Questo è un segno che Pinterest non sta crescendo soltanto in popolarità ma che è considerato sempre più seriamente come un potenziale investimento e una maggior rivale della elite affermata di social network.

4
CLONI DI PINTEREST: RIESCI A DIRE LA DIFFERENZA?

Mentre Pinterest è diventato popolare, molti altri appassionati di informatica hanno pensato di creare sue imitazioni prendendo così un pezzo del mercato. In questo capitolo fornirò alcuni esempi di siti che hanno l'aspetto quasi identico a Pinterest.

Quello che vedrai sulle pagine seguenti sono alcuni esempi di alcuni siti cloni. Questo non è insolito nel mondo dei social network. Dopotutto se un'idea si rivela di successo e attira il mercato perché non provare allora a replicare un modello di successo. Questo è accaduto con Facebook, Twitter, Wordpress, YouTube e molti altri. Tuttavia, ciò che mi aspetto in seguito, a mio parere, è che i siti cloni funzionino, trovino il loro posto e diventino popolari. Però non saranno mai altrettanto popolari o di successo quanto gli originali.

Renren Guangjie (j.renren.com)

Se fai una ricerca in Baidu, il motore di ricerca cinese, troverai almeno 17 cloni di Pinterest. Comunque quello che ci sembra il più interessante è il Renren Guangjie, che tradotto significa "tutti fanno acquisti". Renren Guangjie è stato sviluppato e lanciato a Gennaio 2012 da Renren (conosciuto come il Facebook Cinese) ed è collegato principalmente a Taobao, che è l'eBay Cinese.

Figura 6: La Homepage di Renren Guangjie

Gogobot (gogobot.com)

Se Pinterest è soprattutto per gente creativa e talentata, "Gogobot" è soprattutto per i pianificatori di viaggi. I suggerimenti ricevuti provengono direttamente dal tuo social network e sono personalizzati per ognuno di noi. Puoi anche condividere recensioni e foto dei posti visitati o creare liste dei desideri. Questo nuovo social network ha già attirato maggiori investimenti da parte di due persone potenti presenti nell'industria online e queste sono il direttore generale di Google Eric Schmidt e il direttore generale di Square.

Figura 7: La Homepage di Gogobot

Gentlemint (gentlemint.com)

Gentlemint è un altro clone di Pinterest ma stavolta dedicato agli uomini. È iniziato come progetto parallelo che è stato completato in 12 ore ed ha già varie migliaia di utenti e molti altri ancora sulla lista d'attesa. Sulla homepage di Pinterest la moda, il trucco e le unghie sono predominanti. Su Gentlemint si possono vedere post che trattano di auto, whiskey, calcio, moto, il futuro iPhone 5 e molto altro.

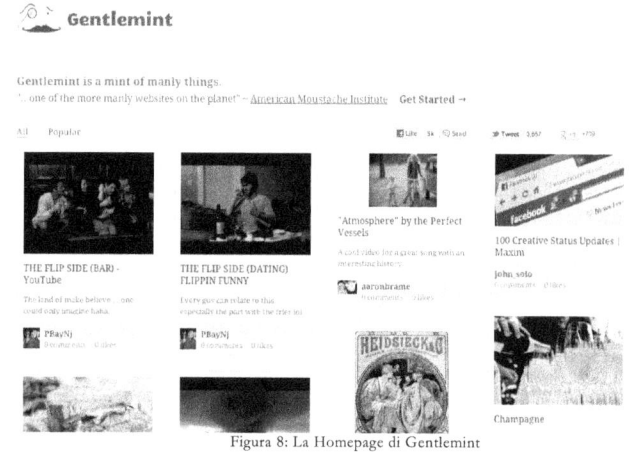

Figura 8: La Homepage di Gentlemint

Pinspire (pinspire.com)

E Pinspire? Riesci a dire la differenza? Ha lo stesso schema di colori, lo stesso concetto e lo stesso logo. Sono stata shockata quando l'ho visto in quanto le differenze non sono così evidenti. Pinspire è stato creato in Germania dai fratelli Samwer che hanno accumulato esperienza nella clonazione di siti popolari dal 1999 per poi venderli. Lo hanno fatto con Alanda che è stato venduto a eBay, CityDeal a Groupon e Plinga a Zynga. Hanno già fatto questo, come puoi vedere, anche con Pinterest.

Figura 9: La Homepage di Pinspire

Mistash (mistash.com)

Mistash è un catalogo sociale di "accumuli" o prodotti che possiedi già, desideri o che hai avuto precedentemente. Su Pinterest puoi aggiungere i tuoi tag o link di affiliazione ma con Mistash non c'è alcun modo di farlo in quanto i tag vengono aggiunti automaticamente da loro.

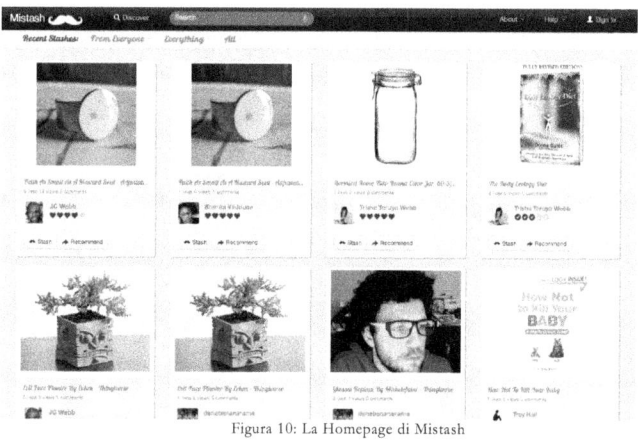

Figura 10: La Homepage di Mistash

Loudlee (loudlee.com)

Loudlee è un clone israeliano di Pinterest per gli appassionati di musica. Una volta creato l'account è possibile ascoltare gratuitamente la tua musica preferita e condividerla su Facebook o Twitter. Loudlee ha una collezione impressionante di musica di buona qualità che effettivamente è presa da YouTube.

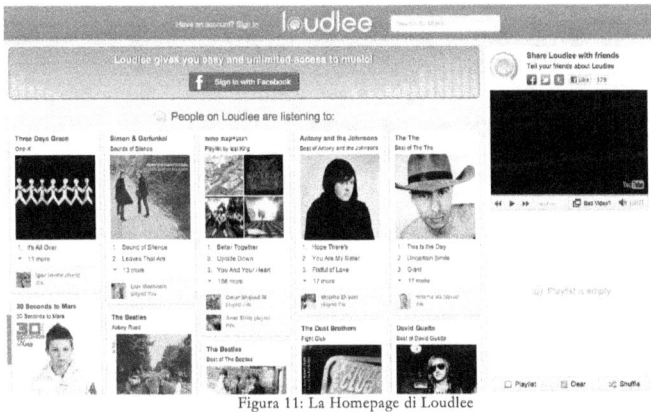
Figura 11: La Homepage di Loudlee

Pintile (pintile.com)

Pintile è la versione indiana di Pinterest creata da Fizzy Softwares che ha progettato varie applicazioni di successo per Facebook e iPhone.

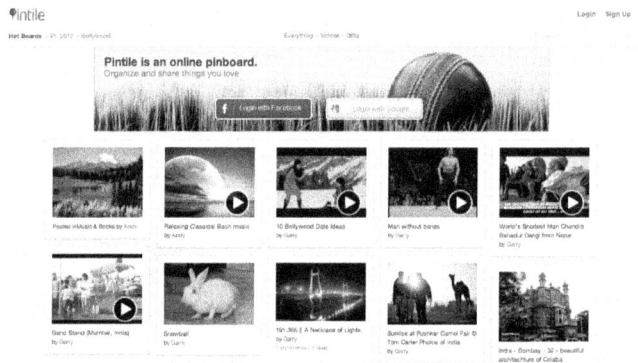

Figura 12: La Homepage di Pintile

Pinme (pinme.ru)

Abbiamo visto che in Cina ci sono almeno 17 cloni di Pinterest, e se facessimo una ricerca su Yandex, il motore di ricerca russo? Troviamo qualche clone? Certamente, esiste. Pinme.ru è quasi indistinguibile e ha già attirato alcuni investimenti (Groupon Russia è uno di essi). Oltre ad aggiungere immagini, Pinme.ru permetterà anche di giudicare prodotti o di scaricare video.

Figura 13: LA Homepage di Pinme.ru

E gli ultimi siti che vorrei sottoporre alla tua attenzione, dato che tutti e due hanno una interfaccia simile a Pinterest, sono **Lulu Live** e **Crowd Voice**, che offrono video di proteste dal Bahrain e dal Medio Oriente.

BAHRAIN PROTESTS - LULU LIVE

Figura 14: La Homepage di LuluLive MiddleEastVoices

Figura 15: La Homepage di Crowdvoice

Ci sono molti altri siti in tutto il mondo che hanno copiato il concetto di Pinterest, alcuni hanno sviluppato spudorate imitazioni e altri gemme di nicchia. Che cos'è che rende Pinterest così speciale e perché ci sono così tanti cloni a spuntare fuori? Ci occuperemo di questo nel prossimo capitolo.

5
PINTEREST SI DISTINGUE NEL MONDO AFFOLATO DEI SOCIAL MEDIA

Pinterest è il nuovo grande evento nel mondo dei social network, almeno questo è ciò che alcuni esperti e aziende credono e non sostituisce gli attuali strumenti di social media bensì offre funzionalità complementarie. Guarda l'infografica sottostante che spiega così bene l'uso di alcuni dei più potenti social media al momento.

"Mi piace" il cioccolato

Mangio #cioccolata

Ecco una ricetta per preparare il cioccolato

Comunico con delle persone che amano il cioccolato

Guardami mentre mangio cioccolata

Sono bravo a fare la torta al cioccolato

Questo è il posto dove mangio cioccolata

Faccio belle foto al mio cioccolato

Scrivo (blog) sul cioccolato

Oggigiorno quando il mondo online è virtualmente inondato dai social media, diventa obbligatorio accogliere i nuovi arrivati. Alcuni sono unici e faranno strada mentre altri sono unici e falliscono. Pinterest è sicuramente destinato a durare. Twitter è stato unico ed ha raccolto i benefici per essere diverso. Facebook non è stato del tutto un concetto nuovo nel 2004 ma quello che aveva di nuovo è stato il modo in cui ha proceduto nell'esecuzione dell'idea. Ci vuole una grande quantità di pensiero o un'idea fulminante per segnare il colpo grosso nel mondo online. Più in basso ho elencato i principali giocatori nell'industria dei social media così puoi capire dove sta Pinterest attualmente.

Facebook: oltre 900 milioni di utenti

YouTube: più di 800 milioni di visitatori unici al mese e 3 miliardi di video visti ogni giorno

Twitter: oltre 500 milioni di utenti

Qzone: 500 milioni di utenti attivi

Sina Weibo: oltre 300 milioni di utenti

Renren: oltre 170 milioni di utenti

LinkedIn: 150 milioni di membri

Groupon: 115 milioni di iscritti

Google+ : oltre 100 milioni di utenti

Tumblr: 50 milioni di blog

WordPress: 72 milioni di blog

Pinterest: oltre 38 milioni di utenti

Foursquare: 15 milioni di utenti

Instagram: 15 milioni di utenti

Pinterest può essere tranquillamente definito come sito social network o album sociale che è qui per rimanere e crescere. Questo non accadrebbe a causa dell'andamento dei social network bensì grazie alla sua unicità. Persino il creatore di Facebook, Mark Zuckerberg, si è aperto recentemente un account su Pinterest che ha già 8000 seguaci. Mark affronta una nuova sfida ogni anno: nel 2010 ha indossato una cravatta ogni giorno, nel 2011 si è impegnato nello studio della lingua cinese e nel 2012 ha fatto sapere che mangerà carne soltanto dagli animali uccisi da lui stesso. Quindi non vedo l'ora di vedere la sua bacheca "Animali che ho ucciso".

Mentre Facebook ha avuto l'idea di amici online, ritrovare vecchi amici e rimanere in contatto con i nuovi, Twitter ha avuto la singolare idea di micro messaggistica e ha catturato il gusto delle celebrità globali di rimanere in contatto con i loro fan che li possono seguire. YouTube ha creato uno strumento "siediti e rilassati poiché ti intratterrò" e Pinterest è arrivato con il suo esclusivo concetto. Pinterest è il ponte social media tra il mondo emotivo e quello commerciale. I marketer sanno che se si riesce ad arrivare al cuore delle persone è molto più facile farle comperare; la gente acquista in base al proprio stato emotivo e in seguito giustifica il processo con la logica.

L'idea di Pinterest è contenuta nella parola stessa. Pinterest contiene "pin", che significa fissare, attaccare, e "interest" che significa interesse. Quindi ciò che uno fa consiste nel fissare sulla bacheca immagini che parlano dei suoi interessi. È ancora simile a Facebook per quanto riguarda gli aspetti base in termini di collegamenti e condivisione di contenuti, prende spunto da Twitter per quanto riguarda le caratteristiche "following" e "retweeting" ed è molto simile al modello "Stumble Upon" che alimenta le idee degli utenti da altri che hanno simili "interessi". Pinterest può anche essere vagamente collegato a Tumblr nel senso che è sempre un sito che permette agli utenti di pubblicare blog interessanti e gli utenti che condividono l'interesse in questione possono seguire tali blog.

Pinterest differisce nel concetto di fondo del sito sull'idea di condivisione di immagini di interesse. È questa specializzazione e la mancanza di alcun aspetto superfluo aggiunto che rende Pinterest veramente unico. Non per criticare Facebook o Google+ o Twitter, sono tutti nomi famosi da considerare e hanno avuto ruoli importanti nel delineamento delle vite online delle persone, ma sono diventati in qualche modo il mondo di tutti senza uno scopo preciso. E mentre questo funziona per l'individuo non funziona per le aziende. Ed è qui che Pinterest può fare la differenza. Le aziende hanno una opportunità di avere un fan che gli segua in quanto interessato esattamente in quel campo o argomento.

Alcune delle migliori e più popolari bacheche su Pinterest sono quelle fatte di prodotti di moda, bacheche sui stili di vita e quelle che parlano di arte – pittura, artigianato o fotografia. Pinterest si è tenuto lontano da ciò che gli altri hanno padroneggiato e questa sensazione esclusiva è quello che potrebbe offrirgli un vantaggio. Le immagini hanno un impatto maggiore rispetto alle parole e Pinterest è un esempio sublime. La maggior parte delle aziende contano su Pinterest grazie alla centricità obiettiva del sito. Facebook potrebbe essere un modo favoloso per restare in contatto e Twitter potrebbe essere un modo favoloso per un politico o per una celebrità per fare una comunicazione o indicare un aggiornamento però è soltanto attraverso Pinterest che qualcuno può veramente coinvolgere un utente. Pinterest è impostato per diventare molto informativo cosa che Facebook, Google+ o Twitter non lo sono.

Certamente, è piacevole averli e Twitter offre molte possibilità a chi vuole rimanere aggiornato sulle cose più recenti provenienti dal mondo intero però Pinterest è più personalizzato. Ti permette di scoprire ciò in cui sei interessato. È questo concetto centrato sull'interesse che alla lunga lavorerà a favore di Pinterest. Per le aziende può fungere come una forte piattaforma per incontrare e interagire con veri clienti.

I social network hanno bisogno di rimanere imprevedibili e Pinterest ha lasciato agli utenti mantenere la modalità di auto scoperta. Non si basa su notizie in tempo reale, il lancio di un prodotto particolare o promozione bensì sulla esposizione di ciò che rappresenta la passione per un individuo o una azienda.

Per di più, attraverso l'uso di bookmarking visivo, Pinterest rende possibile agli utenti di mostrare prodotti che possiedono e amano, e nello stesso tempo promuove in maniera naturale tali prodotti agli altri utenti. Per i produttori di tali prodotti questo marketing gratuito ha potenziale illimitato per far conoscere il prodotto e il patrocinio del marchio.

6

PINTEREST PER PRINCIPIANTI

1° Passo: Ottenere Un Invito

Devi essere invitato per essere un membro di Pinterest e sarà così finché non decideranno di renderlo aperto a chiunque, così come Google ha fatto con il suo Google+.

Ci sono tre modi per ottenere un invito.

Un modo consiste nel richiederlo al sito stesso all'indirizzo pinterest.com, però ci possono volere fino a 24 ore per essere accettata e spesso l'invito non arriva.

Un altro modo consiste nell'inviarmi una mail all'indirizzo <globalndigital@gmail.com> e ti manderò un invito.

Un terzo modo sarebbe quello di richiederlo ai tuoi amici o scrivere un messaggio su Facebook, Twitter o su un forum.

2° Passo: Impostare Il Tuo Account

Allora hai ricevuto un invito. Ora devi cliccare sul collegamento nell'email per andare sulla pagina che ti invita ad **iscriverti a Pinterest attraverso Facebook Connect o il tuo account Twitter**.

Pinterest

Congratulations! You've been invited to join Pinterest.

Sign Up with Facebook f   We NEVER post without your permission

Or sign up with Twitter | Why link accounts?

Pinterest afferma che iscriverti attraverso Facebook o Twitter riduce lo spam e ti aiuterà anche a seguire automaticamente i tuoi amici di Facebook o seguaci di Twitter che sono già iscritti su Pinterest. Sfortunatamente questo non si applica alle attività, in quanto a queste non viene data l'opzione di seguire i loro fan e questo potrebbe essere uno dei motivi perché devi iscriverti usando un account Facebook personale. Non ha importanza quale scegli per la registrazione, puoi collegare o scollegare tutti e due gli account più avanti o **un mio suggerimento sarebbe** quello di iscriverti con Twitter e aggiungere la tua fan page Facebook in seguito.

Se scegli di iscriverti con Facebook devi autorizzare le applicazioni Pinterest ad accedere ai tuoi dati personali ma ci vogliono soltanto pochi clic.

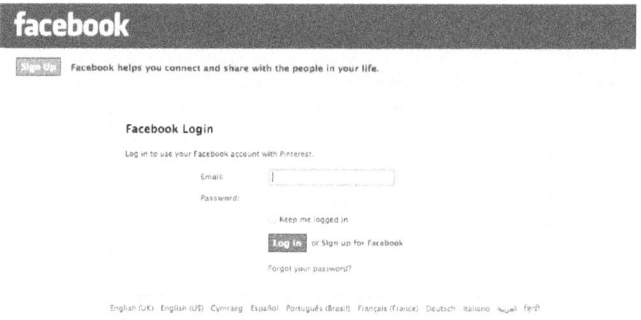

Con Twitter è più facile, basta cliccare su "sign in" e inserire i tuoi dati di accesso Twitter.

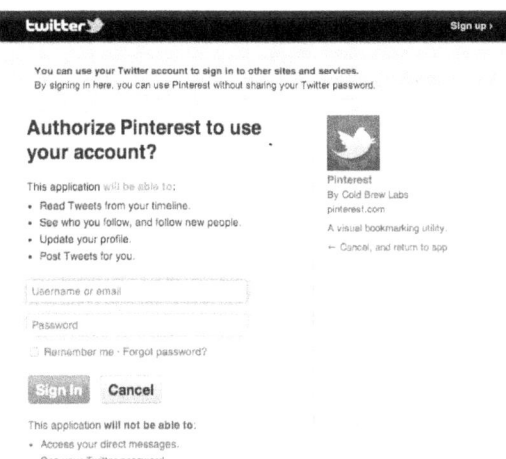

Una volta fatto questo, verrai direzionato su una pagina dove dovrai **inserire un nome utente, un indirizzo email e una password per l'accesso a Pinterest.**

Puoi anche crearne di nuovi o inserire i tuoi attuali dati di accesso Facebook o Twitter. Se scegli i tuoi dati attuali, avrai soltanto una password e una email o nome utente da ricordare e Pinterest potrà anche aiutarti a collegarti con i tuoi amici di Facebook o seguaci di Twitter immediatamente. Però come ho menzionato precedentemente, puoi sempre aggiungere più tardi i tuoi nominativi Facebook o Twitter se desideri creare nuovi dati di accesso. Giusto perché tu sappia, il tuo nome utente compone l'ultima parte del tuo URL, quindi una volta che il tuo account viene creato il tuo URL diretto al tuo account sarà: **pinterest.com/iltuonomeutente.**

Quindi assicurati di scegliere un nome utente che è in armonia con la tua strategia. Ma non preoccuparti perché su Pinterest tutto può essere rivisto in seguito: nome utente, indirizzo email o password, i collegamenti ai tuoi account Facebook e/o Twitter.

Una volta che hai deciso sui tuoi dati di accesso, clicca su "create account". Se ti viene dato l'errore 404, cambia il browser (molte persone hanno riscontrato problemi usando Chrome) o iscriviti con Twitter se con Facebook non ha funzionato. **Nota per le Pagine di Facebook: soltanto i dati di accesso personali Facebook sono accettati al momento.**

Il tuo account è stato creato e ora devi scegliere alcuni interessi da un elenco in modo che Pinterest possa trovare altre persone con interessi simili ai tuoi. **Se hai creato un account personale scegli qualsiasi campo che ti interessa, mentre per un account aziendale suggerisco di scegliere una categoria precisa che meglio si addice.**

Click a few things you like so we can suggest people to follow.

Una volta scelte le categorie che ti interessano, clicca su "Follow People" in fondo allo schermo. Pinterest non è come Facebook dove bisogna chiedere l'amicizia. Semplicemente segui le persone che hanno gli stessi interessi tuoi e quando pubblicano qualcosa di nuovo sarà visibile anche a te. Puoi cancellare qualsiasi cosa che credi che non rispecchi i tuoi interessi, tuttavia raccomando di seguire tutti i suggerimenti quando inizi e riconfigurare più avanti.

In seguito puoi **iniziare a creare le tue prime bacheche**. Vedrai cinque bacheche suggerite che puoi creare. Puoi editare queste o cancellarle cliccando sulla X alla fine di ognuna di esse. Se non sai quali bacheche ti piacerebbe creare, suggerisco semplicemente di iniziare con una e aggiungere in seguito quante ne vuoi una volta stabilita la tua strategia di contenuto. Non c'è alcun limite al numero di bacheche che puoi creare. Puoi anche vedere sulla destra ulteriori suggerimenti concernenti i titoli delle bacheche. Se clicchi uno di questi, verranno aggiunti automaticamente al tuo elenco.

Rendi il titolo delle bacheche interessante e ricco di parole chiave dov'è possibile. Una volta fatto, clicca "create".

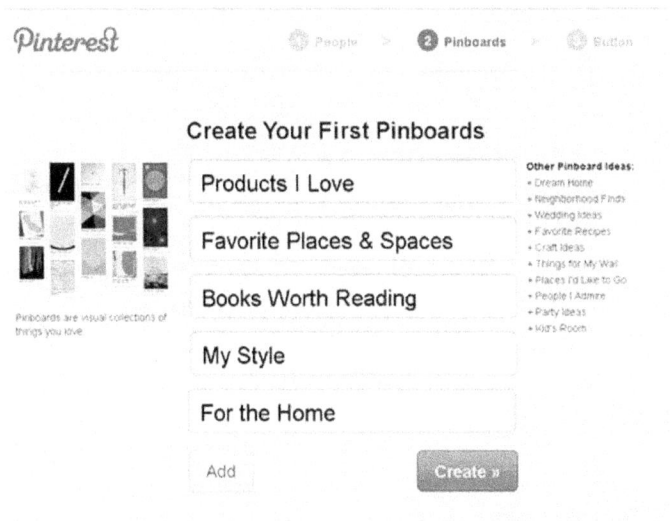

Ora dobbiamo **installare il pulsante "Pin It" nel tuo browser.** Pinterest ha creato un video disponibile all'indirizzo http://pinterest.com/about/goodies/ che spiega come si fa in base al browser installato. Il pulsante renderà più facile la pubblicazione di foto sulla tua bacheca da qualsiasi sito che visiti a condizione che il sito non abbia escluso Pinterest e presenti qualche contenuto visivo (foto, grafici o video). Quindi trascina sul tuo browser il pulsante "pin it" e sarai pronto a dare inizio al divertimento.

Goodies

"Pin It" Button

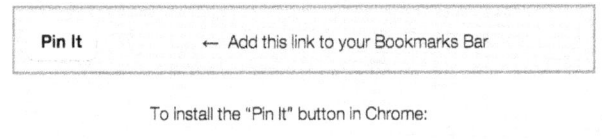

To install the "Pin It" button in Chrome:

1. Display your Bookmarks by clicking the **Wrench Icon > Tools > Always Show Bookmarks Bar**
2. Drag the "Pin It" button to your Bookmarks bar
3. When you are browsing the web, push the "Pin It" button to pin an image

Once installed in your browser, the "Pin It" button lets you grab an image from any website and add it to one of your pinboards. When you pin from a website, we automatically grab the source link so we can credit the original creator.

Il Pulsante Pin It Sul Tuo iPad/iPhone

Puoi pubblicare nuovamente le pubblicazioni delle altre persone semplicemente scaricando l'applicazione Pinterest sul tuo iPhone o iPad. Per poter pubblicare sulla bacheca cose dal web ti serve il pulsante "pin it" installato.

E ci sono due modi per fare questo: 1. O installi il pulsante sul tuo computer su un browser Safari e in seguito sincronizzi i tuoi dispositivi. 2. Installi l'applicazione Pinterest sul tuo iPhone o iPad e poi vai su Profile > Account > Install Bookmarklet. E poi c'è qualche codice di programma che devi copiare e incollare nel browser ma Pinterest ti fornirà tutto l'aiuto necessario quando sarai a questo punto. Comunque questo metodo è più difficile rispetto al primo e non lo consiglio.

3° Passo: Modificare Il Tuo Profilo

Iniziamo ora a modificare il tuo profilo. Per fare questo, hai due possibilità: o clicchi su "edit profile" o su "settings" dal menù a tendina in alto a destra.

Email: inserisci una mail personale o aziendale in base alla tua strategia Pinterest. Il tuo indirizzo email non verrà mostrato pubblicamente.

Notifications: se non vuoi ricevere una mail ogni volta che qualcuno decide di seguirti, fissa sulla propria bacheca una delle tue pubblicazioni o commenta le tue, metti tutte le impostazioni su "off".

First Name & Last Name: chiamato anche titolo del tuo profilo. Se hai creato un profilo business ti suggerisco ti inserire nei campi nome e cognome gli stessi dati inseriti nel nome utente e idealmente dovrebbe contenere una parola chiave. Il tuo nome utente sarà mostrato nel URL mentre il tuo nome e cognome in alto sopra la tua immagine.

Username: crea un nome utente ricco di parole chiave o il nome della tua attività.

About: chiamato anche "biografia" o "descrizione del profilo". Consiglio di includere qualcosa su di te, ciò di cui si occupa la tua azienda, elenca i tuoi prodotti o servizi in lettere maiuscole, spiega di cosa parleranno le tue bacheche e aggiungi un invito all'azione. Suggerisco anche di includere anche il tuo sito qui e nuovamente nella sezione "website". Non c'è alcun limite al numero di caratteri utilizzabili.

Location: per le attività locali è altamente consigliato di introdurre il tuo indirizzo completo.

Image: se questo account verrà utilizzato per affari suggerisco di caricare il tuo logo o una foto di ottima qualità che rappresenti uno dei tuoi prodotti.

Website: inserisci l'indirizzo del tuo sito web.

Facebook & Twitter: sempre nella sezione "profile settings" puoi collegare o scollegare i tuoi account Facebook e Twitter.

Visibility: la dicitura dell'impostazione **"visibilità"** crea leggermente confusione, quindi se vuoi che il tuo profilo venga indicizzato dai motori di ricerca lascia tutto su "OFF".

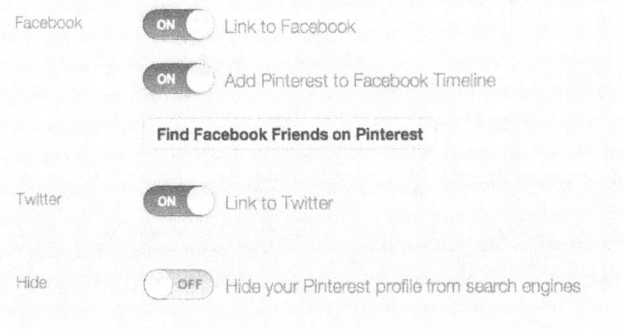

Clicca su "save profile" e vedrai che sotto la biografia o la descrizione del tuo profilo appariranno molte icone e tutte quante rimandano da qualche parte: il piccolo mappamondo rimanda al tuo sito, le seguenti due icone agli account Twitter e Facebook e l'ultima ai feed RSS.

Queste icone appariranno soltanto se nella sezione "settings" hai introdotto il tuo sito e hai collegato i tuoi account Facebook e Twitter. Una cosa che devi ricordarti è che anche se queste icone sono cliccabili, perché la gente possa accedere ai tuoi account Facebook e Twitter, devono essere rese pubbliche. Se fai click su "Activity" al di sotto di queste icone c'è la tua attività in ordine cronologico in tempo reale e mostra quando c'è stata una interazione tra te o i tuoi seguaci e il tuo account Pinterest.

4° Passo: Iniziare A Pubblicare

TUTTO SULLE BACHECHE

Prima che iniziamo ad esaminare "pins and pinning" cosa sono, come li procuriamo, in che modo possono essere modificati e molto altro ancora, suggerisco di iniziare a creare alcune bacheche.

Come abbiamo visto quando ti sei iscritto al sito, ci sono varie "bacheche" di default che puoi utilizzare. Hanno titoli come "Prodotti Che Amo", o "Posti & Spazi Preferiti".

Per accedere alle tue bacheche puoi cliccare o sul tuo "username" o su "boards" dal menù a tendina. Come puoi vedere la tua bacheca o le tue bacheche sono vuote al momento.

Per creare una nuova bacheca clicca sul pulsante "Add +" in alto a destra e poi su "Create a Board".

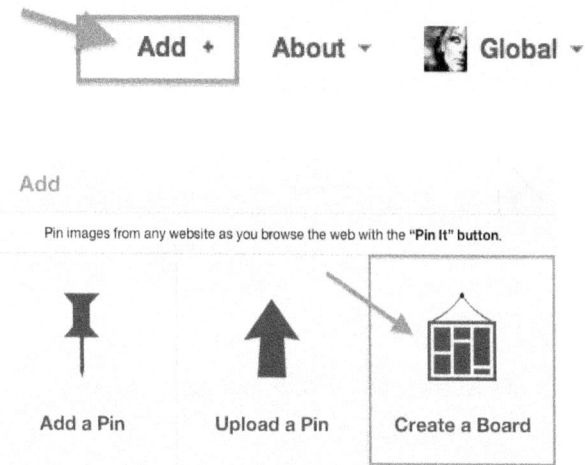

Aggiungi un nome per la bacheca ricco di parole chiave e scegli una categoria.

Create a Board

Board Name

Board Category   Select a Category   ▼

Who can pin?   ⦿ 👤 Just Me   ○ 👥 Me + Contributors

Create Board

Ci sono 32 categorie tra cui scegliere e scegliendo la categoria giusta ti aiuterà ad essere organizzato e permetterà anche alle persone di trovare le tue pubblicazioni più facilmente.

1. Architecture (Architettura)
2. Art (Arte)
3. Cars &Motorcycles (Auto & Moto)
4. Design (Design)
5. DIY & Crafts (Fai da te & Bricolage)
6. Education (Istruzione)
7. Film, Music & Books (Film, Musica & Libri)
8. Fitness (Fitness)
9. Food & Drink (Cibo & Bevande)
10. Gardening (Giardinaggio)
11. Geek (Geek)

12. Hair & Beauty (Capelli & Bellezza)

13. History (Storia)

14. Holidays (Vacanze)

15. Home Decor (Arredamento Casa)

16. Humor (Umorismo)

17. Kids (Bambini)

18. My Life (La Mia Vita)

19. Women's Apparel (Abbigliamento Donna)

20. Men's Apparel (Abbigliamento Uomo)

21. Outdoors (All'aria Aperta)

22. People (Gente)

23. Pets (Animali Domestici)

24. Photography (Fotografia)

25. Prints & Posters (Stampe & Poster)

26. Products (Prodotti)

27. Science (Scienza)

28. Sports (Sport)

29. Technology (Tecnologia)

30. Travel & Places (Viaggi & Luoghi)

31. Wedding & Events (Matrimoni & Eventi)

32. Others (Altro)

A meno che non lavori ad un progetto che richiede input dagli altri come ad esempio la pianificazione di un matrimonio o l'organizzazione di un viaggio, suggerisco di impostare l'autorizzazione di pubblicare solo a te stesso. Per aggiungere qualcuno come collaboratore, è richiesto seguire almeno una delle sue bacheche.

Le tue bacheche possono essere sempre rinominate e risistemate più tardi. Per risistemare le bacheche devi trovarti sulla pagina del tuo profilo come nell'esempio sottostante. Trascinare sempre in alto le più importanti bacheche. Agli inizi è altamente consigliato creare otto bacheche con 9 pubblicazioni ciascuna in quanto è questo ciò che le persone vedranno quando sfoglieranno il tuo profilo e bacheche vuote o incomplete non hanno un bell'aspetto.

Per modificare una bacheca clicca sotto la bacheca che vuoi modificare. Qui puoi cambiare il suo titolo, aggiungere una descrizione, decidere chi potrà aggiungere pubblicazioni ad essa, cambiare la categoria o perfino cancellare la tua bacheca.

Modifica una bacheca

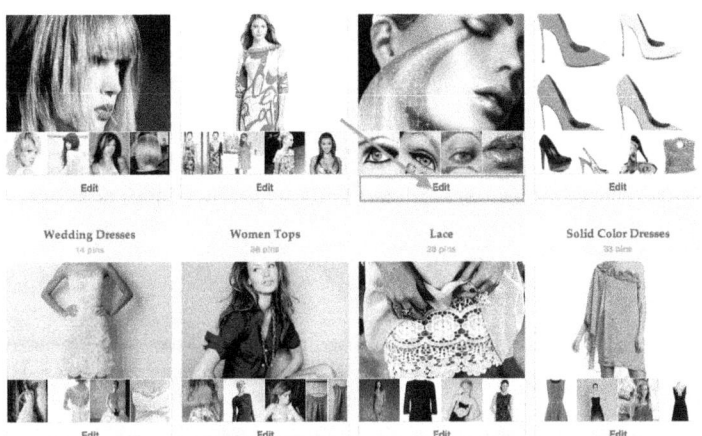

Modifica la cover della bacheca

Come abbiamo visto finora, una "bacheca" o una "pinboard" è niente di più che una collezione di pubblicazioni (pins) ordinate per categoria. Quindi cosa sono i "Pins"?

Su Pinterest siamo tutti ordinati in base alle nostre preferenze. Tutte quelle foto, video, regali o discussioni che riteniamo piacevoli o interessanti sul web e tagghiamo sono chiamati "Pin". Pinterest spesso ispira interesse in quanto le persone normalmente collezionano foto di qualcosa che vorrebbero avere o essere in futuro. Tuttavia, come abbiamo esaminato precedentemente, le persone pubblicano articoli che possiedono e amano.

Ci sono vari modi per **trovare contenuto da pubblicare**:

1) Utilizza il pulsante "Pin It"

Mentre navighi sul web e trovi qualcosa di interessante, puoi utilizzare il pulsante "Pin It" che precedentemente hai installato sul tuo browser per aggiungere l'articolo in questione a qualsiasi bacheca che desideri.

I pin sono in realtà anteprime collegate alla fonte. L'unico requisito è che il sito da dove fai il pinning abbia una foto o un video, tuttavia al momento nessun contenuto può essere pubblicato da un sito creato in Flash anche se ci sono voci che affermano che questo sia in via di sviluppo.

Facciamo un esempio. Vai su Google Immagini e inserisci la parola "flowers" (fiori).

Scegli una delle foto che ti piacciono e clicca su di essa, poi clicca su "x" per chiudere l'immagine.

8_flowers+pictures.jpg

Questo ti porterà al di fuori di Google Immagini sul post originale che contiene quell'immagine.

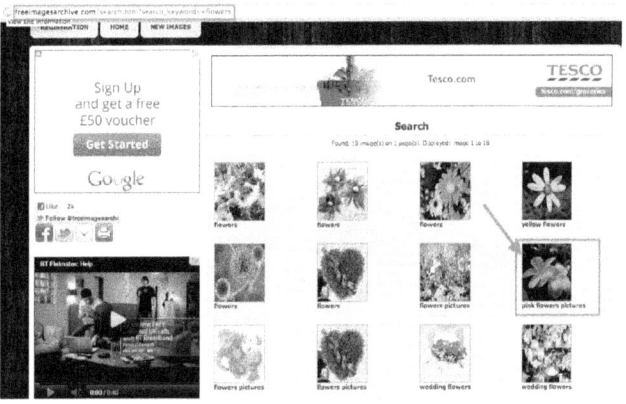

Ora clicca nuovamente sull'immagine che desideri pubblicare, poi clicca sul pulsante "Pin It" del tuo browser, porta il mouse sopra il tuo pin e infine "pin this".

Scegli la bacheca giusta per la tua immagine o crea una nuova, aggiungi una descrizione e il gioco e fatto.

Questo metodo di pinning direttamente dal web ha creato qualche dibattito sulla questione se Pinterest viola i diritti d'autore o no. Negli Stati Uniti D'America il diritto di autore è unico e i cataloghi di anteprime sono considerati uso corretto sotto la legislazione degli USA in materia di diritti di autore. Detto questo, significa che il proprietario è citato nell'uso della sua immagine e c'è ancora molto dibattito se Pinterest violi i diritti di autore o no. È una compagnia con sede negli USA, pertanto finché si comportano seguendo le leggi USA non fanno alcun male. Questo potrebbe essere diverso se era in un territorio al di fuori degli USA dove le leggi sui diritti di autore sono impostate più sul "fair dealing" (trattamento corretto) che sul "fair use" (uso leale).

Pinterest afferma chiaramente nelle loro guide per l'utente di menzionare le fonti dei contenuti. E più recentemente per difendersi dalle leggi sul diritto di autore, Pinterest ha annunciato di aver creato un codice trovabile nella sezione "help" del loro sito che può essere implementato da qualsiasi proprietario di siti web in cima alle pagine che non desidera condividere su Pinterest. Quindi quando qualcuno proverà a pubblicare il contenuto di quella pagina, riceveranno il seguente messaggio: "*Questo sito non permette la pubblicazione su Pinterest. Per ogni domanda si prega di contattare il proprietario. Grazie per averci visitato!*" Il social network di Yahoo, Flickr, ha già sfruttato questa opzione dando ai propri utenti la possibilità di non condividere il loro contenuto su Pinterest.

Per trovare la fonte originale di una immagine reperibile su Pinterest installa l'estensione per Google Chrome "<u>Pin Search</u>" che ti permette di eseguire una ricerca basata sulle immagini.

2) Sfoglia i pin degli altri

Un altro modo di trovare contenuto da pubblicare consiste nel sfogliare i pin degli altri e "re-pinnare" qualcosa che ti piace su una delle tue bacheche. Il repinning è come il retweeting e circa 80% degli utenti Pinterest lo preferiscono piuttosto che andare in cerca di immagini sul web o caricare le proprie. Pinterest ha l'apertura di Twitter in quanto chiunque può vedere le tue bacheche e l'intimità di Facebook riguardo al contenuto condiviso. Creare bacheche private non è possibile al momento tuttavia questo è qualcosa che Pinterest potrebbe implementare in futuro.

Per sfogliare i pin degli altri hai due possibilità:

a)   o **fai una ricerca in base alle parole chiave** ed in seguito sfogli tra "pin", "bacheche" o "persone".

Diciamo che mi piace il vestito di sotto e lo voglio mettere in mostra sulla mia bacheca "Moda". Quindi come faccio questo? Passandoci sopra col mouse mi vengono fornite tre possibilità: **fare il re-pin** (quindi metterlo sulla mia bacheca senza rimuoverlo dalla bacheca originale), **gradirlo** (viene aggiunto al mio profilo ma non alle mie bacheche. Scegli di "gradire" una foto se non si addice ad alcun contenuto delle tue bacheche ma lo trovi comunque interessante) e di

commentarlo (questo è un ottimo modo di interagire con altri pinner).

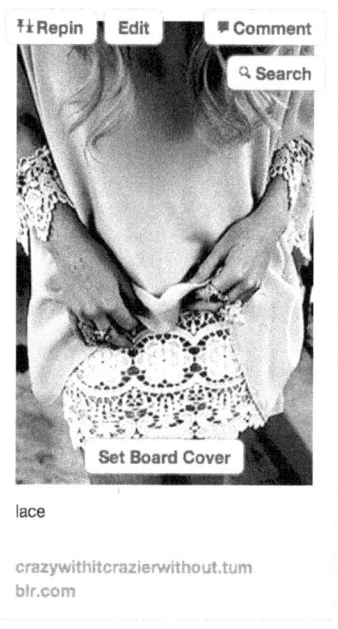

lace

crazywithitcrazierwithout.tum
blr.com

Nel nostro caso sceglieremo di fare il "re-pin" e in questo modo avremo aggiunto una nuova immagine alla nostra bacheca di Moda. Quando fai il re-pin, gradisci o commenti i pin di qualcuno, la persona in questione riceverà una mail di notifica.

b) o puoi **cliccare sul logo "Pinterest"** in cima della pagina e verrai portato su una pagina che mostra i pin più recenti delle altre persone: da "pinner da seguire" a "regali".

Pinterest

Pinners you follow · Everything ˇ · Videos · Popular · Gifts ˇ

Pinners you follow: mostra tutti i pin recenti, tuoi e delle persone che segui

Everything: troverai tutti i pin più recenti in Pinterest ordinati per categorie

Videos: tutti i pin più recenti in materia di video

Popular: ti indica quali sono i pin più condivisi al momento permettendoti quindi di capire le tendenze

Regali: troverai tutti quei pin che hanno un prezzo da $1 a oltre $500 e puoi acquistare regali cliccando sulla foto che è collegata direttamente al venditore

Se stai sfogliando e non riesci a vedere tutti i dettagli riguardanti un pin (per esempio infografiche con caratteri piccoli), suggerisco di scaricare l'estensione per Chrome

"Pinzy" ed in seguito passare col mouse sopra i pin che desideri ingrandire.

3) Aggiungi un pin

E il terzo metodo per ottenere pin consiste nell'aggiungerli tu stesso.

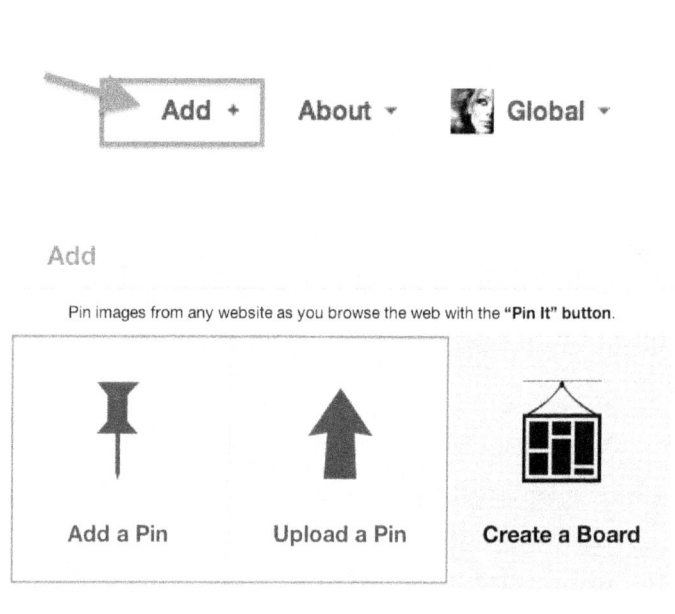

Hai due possibilità:

a) o **aggiungere un pin da una pagina web** di cui conosci l'URL esatto. Soltanto col nome del sito otterrai un numero molto limitato di pin da cui scegliere.

Add a Pin

Find Images

b) o **caricare una immagine** che hai sul tuo computer e di cui possiedi i diritti.

Upload a Pin

Choose File

Tieni presente che anche se l'altezza dell'immagine è illimitata, la larghezza dell'immagine non può essere più grande di 554 pixel. È saggio aggiungere una filigrana con il tuo URL ed eseguire una ricerca prima per vedere qual'è il contenuto più popolare prima di caricare il tuo. Se non hai immagini favolose da caricare puoi acquistare immagini stock e creare qualcosa di nuovo con esse.

Per creare infografici puoi sfruttare visual.ly. **Per inserire una filigrana nelle tue immagini** puoi sfruttare "Watermark Reloaded", un plugin Wordpress.

Abbiamo già visto come trovare contenuto per le nostre bacheche. Vediamo ora che altro possiamo fare per un pinning di successo.

Per modificare un pin clicca su una delle tue bacheche, passa col mouse sopra il pin che vuoi modificare e avrai tre possibilità: "repin" (pubblicare nuovamente) su un'altra delle tue bacheche, "comment" (commentare) o "edit" (modificare).

Versus . Spring 2012. Absolutely amazing!

tumblr.com

Nel campo della descrizione puoi aggiungere un testo ricco di parole chiave o soltanto le parole chiave separate da virgole, introdurre un URL affiliato o quello del tuo sito web e scegliere la bacheca giusta per il tuo pin.

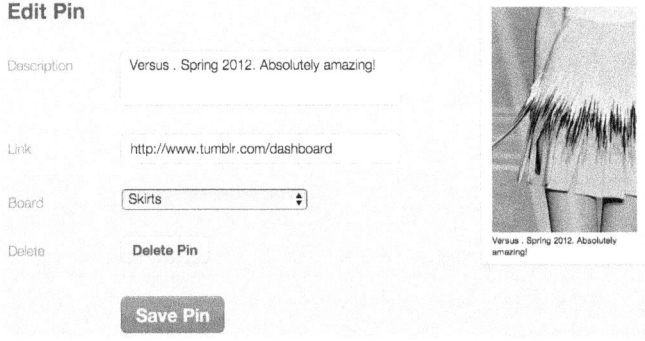

Edit Pin

Description   Versus . Spring 2012. Absolutely amazing!

Link   http://www.tumblr.com/dashboard

Board   Skirts

Delete   **Delete Pin**

Versus . Spring 2012. Absolutely amazing!

Save Pin

Come abbiamo visto finora, i pin sono ordinati in bacheche e ogni bacheca fa parte di una categoria. Le bacheche possono essere riarrangiate facilmente, tuttavia non è così facile fare questo con le pubblicazioni individuali. Al momento della stesura Pinterest sta migliorando questa parte.

Le citazioni su Pinterest

Se vuoi consigliare o far sapere un pin ad un utente devi seguire almeno una delle sue bacheche e introdurre o nella descrizione o nel commento del pin il simbolo "@" (chiocciola) seguito dal nome utente di costui.

Gli hashtag su Pinterest

Probabilmente conosci il simbolo "#" (hashtag) che su Twitter viene unito ad una parola chiave per renderla trovabile più facilmente. Su Pinterest devi aggiungere questo nella descrizione delle foto e non puoi farne uso più di tre volte per la descrizione di un pin.

Commentare un pin

Come ho menzionato prima, il modo migliore per interagire con un altro utente consiste nel commentare i suoi pin. Tuttavia se hai cambiato idea e desideri cancellare il tuo commento lo puoi fare cliccando sulla "x" nella parte destra del commento stesso. Con lo stesso procedimento puoi cancellare anche i commenti ai tuoi pin degli altri utenti.

Aggiungere un prezzo ad un pin è molto facilmente. Ovunque nella descrizione del pin puoi inserire il simbolo del dollaro ($) o della lira sterlina (£) seguito dalla somma di denaro che deve essere maggiore di 1. Al momento non funziona con nessun'altra valuta, comunque l'Euro (€) dovrebbe essere implementato prossimamente in quanto rappresenta il terzo grande mercato per Pinterest e uno che sappiamo che sta crescendo rapidamente.

I pin video

Pinterest è conosciuto soprattutto per la condivisione delle foto, però da Agosto 2011 la gente può condividere anche video.

Al momento possono essere condivisi soltanto i video YouTube e Vimeo e questo è fattibile attraverso l'opzione "add a pin from a webpage you know the url" o il pulsante "Pin It". Per trovare l'URL corretto di un video che vuoi condividere, vai su YouTube, trova un video e poi clicca il pulsante "condividi" sottostante il video stesso. Copia l'URL nella sinistra e incollalo su Pinterest.

Fai in modo che i tuoi pin diventino virali

Le fonti di pin Top Ten sono:

Figura 16: Fonte Zoomsphere

I pin possono diventare virali in pochi secondi ed essere visti da milioni di persone in tutto il mondo.

Citazioni divertenti, ricette, animali o bimbi carini, infografici, concorsi e video sembrano essere tra i più popolari su Pinterest e con potenziale per diventare virali. Questo potenziale globale e virale rappresenta nuovamente il sogno dei marketer ed ha tantissimo potenziale commerciale quando si lancia un prodotto.

5° Passo: Essere Seguiti

Puoi fare in modo o che le persone "seguano tutte" le tue bacheche, il che praticamente significa seguire il tuo profilo o "seguire" bacheche individuali. Nello stesso modo in cui decidi di seguire puoi in ogni momento decidere di non seguire più le bacheche e gli utenti e questi non verranno informati di questo fatto.

Clicca Follow per seguire un utente e tutte le sue bacheche

Clicca Follow per seguire una singola bacheca

Per vedere chi sta seguendo il tuo profilo o chi stai seguendo te su Pinterest devi andare sul tuo profilo e cliccare su "followers" o "following" nella parte destra come viene mostrato di seguito.

Per poter vedere quante persone seguono una delle tue bacheche clicca sulla bacheca che ti interessa e in alto a destra potrai vedere il numero di seguaci per quella bacheca e il numero di pin "curati" fino a questo momento. Sfortunatamente al momento non è possibile vedere i dettagli dei seguaci delle tue bacheche.

Per aumentare il numero dei tuoi seguaci devi:

i)   Fare sempre nuovi post: caricare contenuto originale, fare il re-pin sui pin degli altri o utilizzare il pulsante "pin it"

ii)   Trovare persone del tuo settore e seguirli; si spera che anche loro seguiranno te. Per trovare persone del tuo settore puoi vedere i seguaci delle persone che segui già e seguirli, eseguire una ricerca per parole chiave o guardare nella categoria "everything" e cercare il tuo settore là.

iii) Segui le persone che seguono te e anche i loro seguaci

iv)   Interagisci con persone che hanno un grande numero di seguaci, commenta le loro cose, gradiscile o fai il re-pin

v)   Installa sul tuo sito i pulsanti "follow us" e "pin it"

vi) Aggiungi un link "seguici su Pinterest" nella sua firma nelle email

vii) Crea un video su YouTube "Come Utilizzo Pinterest" con un link al tuo profilo e sulle tue bacheche pubblica i tuoi video da YouTube

viii) Menziona altri utenti nei tuoi commenti o pubblica descrizioni per ottenere attenzione

ix) Aggiungi "commenti" preziosi ai pin presenti sulla homepage di Pinterest o nella categoria "popular". Questo aiuterà il tuo account ad ottenere visibilità e attirare più seguaci. Tutti i tuoi commenti avranno un backlink al tuo profilo e la gente potrebbe seguirti

x) Fai post di pin virali: belli, educativi, ispiranti, utili o divertenti

xi) Se hai un elenco di clienti, invitali ad iscriversi a Pinterest e seguire il tuo profilo.

Sfortunatamente devi inserire gli indirizzi email uno ad uno quando inviti le persone o invita i tuoi amici Facebook o i tuoi contatti Yahoo o Gmail. Ancora non è possibile bloccare gli utenti che non vuoi che ti seguano però viene preso in considerazione da Pinterest.

6° Passo: Portare La Conversazione Visiva Al Di Fuori Di Pinterest

Se ti piace un pin e lo vuoi condividere con gli altri, Pinterest ti dà varie possibilità: gradirlo, twittarlo, incorporarlo in una pagina web o spedirlo via mail a qualcuno che desidera sapere di più su di esso. Però se un pin ti sembra "offensivo", puoi riferirlo a Pinterest e lo cancelleranno immediatamente.

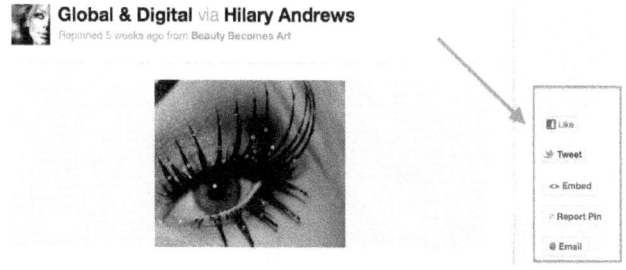

Per illustrare i tuoi pin più recenti sulla sidebar del tuo sito suggerisco di installare il plugin Wordpress "Pretty Pinterest Pins". Puoi scegliere se far comparire la descrizione al di sotto della immagine e il numero di pin da mostrare. Puoi anche mostrare gli utlimi pin di qualsiasi utente.

Condividere su Facebook

Se non hai ancora aggiornato il tuo profilo a Facebook Timeline non potrai condividere i tuoi pin. Comunque quando fai le pubblicazioni o i re-pin assicurati di biffare la casella per la condivisione e i link ai tuoi pin o bacheche verranno condivisi sulla bacheca Facebook. Tieni presente che la gente non vuole essere informata ogni volta che hai un nuovo pin sulla tua bacheca, salvo quando si tratta di uno interessante per loro.

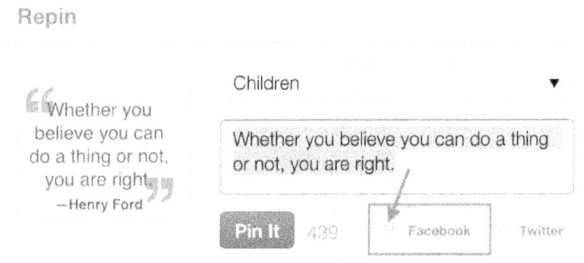

Se gradisci tutti i pin da una bacheca in particolare puoi cliccare "like" in cima alla bacheca e verrà condivisa con i tuoi amici Facebook.

Condividere su Twitter

Se il tuo account Pinterest è collegato al tuo account Twitter puoi condividere i pin ogni volta che pubblichi o fai il re-pin semplicemente biffando la casella per la condivisione.

7° Passo: L'Etichetta Del Pinning

Ora che hai appreso le basi di Pinterest vorrei insistere sulle regole del buon pinning e le ho elencate qui sotto:

i)   Dai credito al pinner originale quando fai il pinning o il re-pinning e non vantare i pin come tuoi quando non lo sono

ii)   Non limitarti alla pubblicazione dei tuoi post e prodotti. Hai molti altri social network che ti permettono di promuovere la tua attività direttamente. Pinterest riguarda gli interessi personali e l'ispirazione. Tuttavia se rappresenti un'attività e vuoi entrare in contatto con i tuoi clienti allora ti suggerisco di farlo in un modo creativo per non allontanare la gente utilizzando questo approccio di vendita diretto

iii) Nudità o contenuto odioso non sono permessi e può essere riferito in qualsiasi momento e rimosso immediatamente

iv) Pubblica video o immagini dai blog e non dalla homepage di un sito o direttamente da Google Immagini perché potrebbero essere rimosse o aggiornate facilmente e finirai con un quadrato vuoto anziché una immagine sulla tua bacheca

v) Inserisci una descrizione a qualsiasi pubblicazione che aggiungi. Usa parole descrittive al posto di ".", "carino", "lo adoro" in modo che la gente possa trovarle facilmente quando cercano un articolo in particolare

vi) Il pinning di video è consentito. Quando trovi un video che ti intriga, pubblicalo e aggiungigli una buona descrizione. Verrà pubblicato nuovamente dagli altri utenti quasi istantaneamente.

7
COMO INCASSARE CON PINTEREST

Al tempo della stesura di questo libro, Maggio 2012, Pinterest era classificato da Alexa al #38 a livello globale, aveva un pagerank Google di 7 e una autorità di dominio SeoMoz di 96, quasi 2 milioni di fan sulla loro pagina Facebook, 800,000 seguaci sul loro account Twitter e più di 38 milioni di utenti. Il tempo e l'opportunità di imparare velocemente e beneficiare di Pinterest sono ora in quanto si prepara per una esplosione globale. Se riesci a capire come sfruttare Pinterest a fini aziendali prima di chiunque altro, puoi diventare un leader nella tua industria.

Pinterest sta diventando velocemente uno dei migliori, se non IL migliore strumento marketing tra i vari social network.

Per un social network abbastanza nuovo, le bacheche sono facilmente condivisibili e divertenti da leggere senza occupare tanto del tuo tempo. Per prodotti o servizi, Pinterest può portare la tua attività a un tutt'altro livello. Tutto quello che ci vuole sono pochi "Pin It" e la tua attività può facilmente decollare. Quindi prima di impegnarti nel fare la richiesta per ricevere l'invito, assicurati di essere pronto per nuovo traffico e ordini.

La parte migliore di Pinterest è che non importa in che tipo di attività ti trovi. Ad esempio, un sito web intitolato Child's Own Studio, che crea peluche tratti dai disegni dei bambini, stavano procedendo bene con 4, 5 ordini alla settimana. Qualcuno ha "pinnato" questo sito e ora il proprietario ha così tanti ordini che non riesce a gestirli tutti. Riceve anche oltre cento mail al giorno. E questo con un sito che nemmeno è ospitato su un dominio acquistato e non ha alcun servizio di pagamento online.

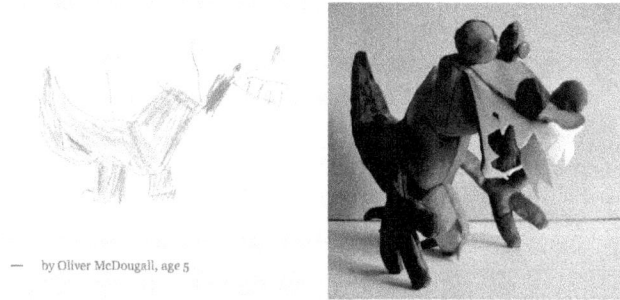

— by Oliver McDougall, age 5

Figura 17: Fonte childsown.wordpress.com

Secondo un sondaggio organizzato da PriceGrabber in cui sono state intervistate 5.000 persone, il 21% degli intervistati ha comunicato che hanno comprato un prodotto dopo aver visto l'immagine su Pinterest. I prodotti più frequentemente acquistati erano legate al cibo, moda, decorazione della casa e l'artigianato.

Quindi, puoi vedere come Pinterest può essere la chiave per la tua strategia di marketing e il traffico notevole che può portare. Qui ci sono alcune industrie che possono beneficiare dell'uso di Pinterest.com. Tieni presente che Pinterest non può essere ancora automatizzato ed è necessaria una persona vera e propria.

Freelancer – qualsiasi tipo di freelancer come per esempio il fotografo, lo scrittore, il designer web o altro genere può raddoppiare o triplicare il traffico sul proprio sito quando include Pinterest nei piani di marketing. Un "Pin It" può portarti più lavoro di quanto riesci a gestire. Mostra i tuoi prodotti o servizi in un modo visivo e accattivante, aggiungi una descrizione e collegalo al sito. È tutto quello che devi fare o come Joel Comm disse in uno dei suoi libri "Gradiscimi, conoscimi, fidati di me, pagami!"

Puoi anche creare una ebook o qualsiasi altro incentivo e offrirlo come freebie per aumentare il tuo elenco.

⊞ Repin ♥ Like 💬 Comment

The Swiss Courier. Free for Today
(Feb. 1) only! $0.00
Christianbook.com, Amazon.com ...
spread the word!

Nicole M. via Tricia Goyer onto
BookPile

Dettaglianti – non puoi veramente vendere prodotti attraverso Pinterest però puoi far conoscere alle persone che offri un prodotto che potrebbe piacere a loro e puoi anche mostrare il prezzo. Quando pubblichi il tuo prodotto, solitamente come immagine o video, i pinner faranno il re-pin e lo condivideranno con i loro amici su Facebook e Twitter, per non menzionare tutti i loro seguaci su Pinterest. Puoi anche collegarlo al tuo sito web, creare offerte pacchetto esclusive, attivare promozioni, offrire coupon o perfino raccogliere testimonianze di persone che indossano o utilizzano i tuoi prodotti. Per vendere meglio devi creare desiderio e ispirare le persone; i marketer bravi sanno non pubblicizzano prodotti, bensì uno stile di vita.

Agenti di viaggio – se fai parte di questa industria puoi pubblicare mete di viaggio, alberghi, città, ristoranti, luoghi da visitare, e cose da vedere in qualsiasi posto nel mondo. Potresti creare una bacheca speciale per mostrare le tue destinazioni attraverso immagini delle città, cose da fare, posti dove mangiare, e perfino ricette ti porteranno una risposta dai pinner. La bellezza di Pinterest sta nel fatto che attrai attenzione e interesse attraverso le immagini dei tuoi prodotti finali e puoi in seguito collegare, e portare traffico, al tuo sito web principale.

Arredatori di case – Alcuni pinner utilizzano Pinterest per costruire la loro casa ideale. Ricevono idee sul design da tutto il mondo. Cercano suggerimenti su come arrangiare al meglio la casa, che tipo di luci utilizzare, pavimenti e cucine ed alcuni finiranno per acquistare il prodotto. Se per caso è la tua impresa, ti sei appena procurato un cliente con poco sforzo!

moroccan home of fashion designer
Liza Bruce

elledecor.com

Pink + orange.

sayyestohoboken.com

Agenti immobiliari – elenca le migliori immagini di immobili che hai e collegale al tuo sito.

Luxury Villa in Dubai

$74,000,000.00

1220 South Ocean Boulevard, Palm Beach, FL $74,000,000

Estetisti, Personal shopper o wedding planner – al momento i primi tre argomenti su Pinterest sono correlati alla bellezza: unghie, occhi e il taglio dei capelli. In qualità di responsabile dell'immagine dei tuoi clienti potresti suggerire look particolari e aggiornamenti sulle tendenze attuali.

Titolari di ristoranti – possono condividere idee concernenti ricette, cocktail, menù nuovi e perfino interni.

Affiliati Marketing – un affiliato marketing può aumentare il traffico a qualsiasi prodotto che consiglia. Le bacheche sono cariche di elenchi di cose che le persone desiderano e cercano per la propria casa, cortili, e giardini e vestiti completi da indossare casualmente o per una notte in città. Fanno il re-pin, poi i loro amici fanno il re-pin, e così via... nemmeno hai bisogno di un sito web! Basta che decidi il settore e inizi a pubblicare. E con ogni pin puoi direttamente utilizzare i link di affiliazione. Suggerisco anche di provare varie foto, video o formati e pubblicarli in vari momenti della giornata o giorni della settimana per vedere quale funziona al meglio. Per Pinterest non c'è alcuna formula o formato preimpostato. Tentativi vari possono spesso dare i risultati migliori, e i più sorprendenti.

Titolari di locali – per i tuoi fan puoi creare bacheche moderate per manifestare il loro supporto.

Titolari di progetti – in quanto gruppo di persone che lavora allo stesso progetto, Pinterest ti fornisce la possibilità di aggiungere collaboratori alla tua bacheca. E puoi anche fare ricerca di mercato o raccogliere suggerimenti su un prodotto in via di sviluppo.

Insegnanti o consulenti – se hai qualcosa da insegnare, Pinterest rappresenta una grande risorsa per caricare i piani di lezione, tutorial video o citazioni motivazionali. E gli studenti possono rispondere se permetti loro di contribuire a una delle tue bacheche.

Specialisti in pubbliche relazioni – Pinterest è ottimo per stabilire la presenza sul mercato di un marchio. Puoi mostrare il logo del tuo cliente, pagine web, uffici, dipendenti, studi di casi, lanciare una pubblicazione tematica giornaliera, fornire notizie, ecc.

Specialisti SEO – sfrutta le possibilità di link-building e uso di parole chiave. Fino recentemente tutti i link provenienti da Pinterest erano "dofollow", ma ci sono ancora alcuni modi per ottenere link dofollow e ti mostrerò come fare nel capitolo sulle strategie avanzate.

Scegli un settore e Pinterest può essere uno dei migliori strumenti di marketing nel tuo arsenale. Tuttavia, devi sfruttarlo nel modo giusto. Non è da utilizzare come i frignoni su Facebook, o i Tweeter che fanno sapere cosa fanno durante la giornata. Se desideri una risposta dal resto dei pinner, allora devi pubblicare nel modo in cui è stato concepito il funzionamento. È questo ciò che vogliono su Pinterest, qualcosa che li aiuterà, che li ispirerà, che li migliorerà l'umore, che darà loro un motivo per vivere, e altre idee per rendere la loro vita migliore. Se riesci a fornire questo senza una vendita pesante, ti faranno spesso il re-pin. Il re-pin rappresenta il mezzo attraverso il quale il tuo messaggio diventa virale.

A prescindere dalla industria scelta o dalla grandezza della tua attività, esistono opportunità inconfutabili di marketing da parte di Pinterest. Se da un lato non c'è alcuna formula magica nel mondo sovrappopolato del marketing online, Pinterest può veramente aiutare a portare traffico al tuo sito. E, nel marketing online come sappiamo, traffico significa soldi.

8
IMPARA DAI MAESTRI

I Più Pinterattivi E Coinvolgenti Marchi

È soltanto da pochi mesi che Pinterest ha iniziato ad attirare l'attenzione su di sé. Pur essendo in giro per quasi due anni, il sito sociale di condivisione di foto è rimasto considerevolmente lontano da un pubblico più grande o in realtà è stato il contrario. Comunque alcune aziende sono state un passo avanti su Pinterest guadagnando sempre più presenza sul sito, aumentando il numero dei loro seguaci riuscendo anche a coinvolgere gli utenti. Di seguito ci sono 10 marchi che su Pinterest sono riusciti a fare le cose giuste.

Mashable

23,251 seguaci

21 seguiti

16 bacheche

439 pin

0 likes (mi piace)

Mashable, il sito di notizie tecnologiche, è uno di quei pochissimi marchi su Pinterest che sta pensando in anticipo sui tempi. Finora Pinterest è stato preferito soprattutto dalle donne e il contenuto di Mashable non è proprio tra i preferiti per la consumatrice tradizionale. Mashable ha comunque capito il significato di avere una presenza e capisce che gli uomini presto saliranno a bordo del carro della banda Pinterest. Mashable potrebbe finire molto in avanti rispetto agli altri siti di tecnologia che si iscriveranno frettolosamente a Pinterest senza una vera strategia.

4,752 seguaci

717 seguiti

21 bacheche

1,023 pin

26 likes (mi piace)

Il marketing sociale non significa ciò che realmente fai bensì in che modo coinvolgi il tuo pubblico. Chobani sembra sia riuscita a padroneggiare quest'arte. Nonostante il loro dominio sia lo yogurt greco, condividono costantemente informazioni sui prodotti alimentari, ricette varie e alcuni fatti sconosciuti. I loro seguaci sono aumentati costantemente e rappresentano uno di quelli marchi che su Pinterest hanno impostato la strategia giusta.

8,699 seguaci

160 seguiti

38 bacheche

2,669 pin

53 likes (mi piace)

Quando un sito ha tra il 60 e il 70% degli utenti donne, tutto ciò che ha a che fare con la bellezza e la moda è sicuramente uno dei punti forti. Birchbox riesce a pubblicare vari contenuti concernenti la bellezza, consigli di moda e vari prodotti, mantenendo le seguaci incollate ai loro aggiornamenti. Birchbox ha dimostrato che Pinterest non significa soltanto condividere alcune immagini ma che uno può innovare. Birchbox carica video sui loro prodotti e una pletora di informazioni. Forse su Pinterest sono una delle migliori aziende che hanno adottato alcune strategie promozionali di successo.

24,901 seguaci

1,112 seguiti

38 bacheche

736 pin

11 likes (mi piace)

Quando un marchio ha una visione e una filosofia deve fare qualcosa per promuovere quel costume a un pubblico più ampio. Whole Foods è uno di quei marchi rari che potrebbe cercare non di aumentare le vendite ma di promuovere il loro motto. Il marchio dettagliante riesce a caricare quasi regolarmente contenuti sul cibo, sull'igiene e altri aggiornamenti sul vivere ecosostenibile.

◪ SCHOLASTIC

2,455 seguaci

1,367 seguiti

10 bacheche

1,322 pin

65 likes (mi piace)

I libri hanno bisogno di pubblicità tanto quanto i film e la musica. Scholastic fa esattamente questo attraverso il caricamento di varie immagini delle copertine dei libri e la promozione di libri esistenti e che devono ancora uscire e aggiornamenti sulle pubblicazioni. Hanno anche alcuni aspetti particolari e divertenti sulle loro bacheche come per esempio persone vestite come i protagonisti dei libri, che richiama molta attenzione sul marchio.

Better Homes and Gardens™

47,238 seguaci

61 seguiti

72 bacheche

1,614 pin

168 likes (mi piace)

Siamo sempre interessati in idee per le nostre case e consigli di giardinaggio. Qualsiasi marchio associato a contenuti correlati con lo stile di vita e idee di arredo cattura immediatamente il gradimento degli utenti su Pinterest. Questo è esattamente ciò che il marchio Better Homes and Gardens ha fatto con il suo profilo.

Where Creativity Happens

12,067 seguaci

3,486 seguiti

35 bacheche

861 pin

38 likes (mi piace)

Inizialmente il concetto di Pinterest consisteva nella pubblicazione di foto e nella condivisione di ciò che uno amava. Michaels Stores è forse uno di quei marchi che su Pinterest cade in questa categoria dato che tratta bricolage e tutto ciò che ha a che fare con la creatività, sicuramente ha sufficiente risonanza su Pinterest. I loro sforzi di condividere nuove idee e creare progetti sono ottimi modi per mantenere l'interesse e una bacheca.

Etsy

77,047 seguaci

517 seguiti

29 bacheche

1,314 pin

14 likes (mi piace)

Qualsiasi sito di eCommerce dev'essere presente su Pinterest ed Etsy è stato uno dei primi a beneficiare della tendenza. Non è soltanto uno dei marchi rari ad essere molto seguito ma è anche molto attivo. Etsy non cerca soltanto di vendere online i propri prodotti ma condivide anche tante idee innovative sul fai da te e come prodotti semplici possono essere creati e utilizzati dagli utenti a casa.

1,202 seguaci

295 seguiti

10 bacheche

458 pin

238 likes (mi piace)

General Electric sfrutta Pinterest per condividere i loro prodotti, la storia e il lignaggio e sul profilo hanno uno spazio dedicato ai loro fan. Il marchio permette agli utenti e ai fan di pubblicare contenuto creativo che può essere di interesse e ispirazione per gli altri.

Peap●d

www.peapod.com
Online grocery shopping & delivery

432 seguaci

28 seguiti

39 bacheche

711 pin

17 likes (mi piace)

Si sa già che le cose ci possono essere spedite alla porta di casa, che si tratti di alimenti o di un computer portatile. Peapod permette agli utenti di dare una sbirciata alla gestione di un sistema di consegne consentendo la scoperta del loro mondo, un modo unico di promuovere l'attività.

Chi Sono I Super Pinner?

Pinterest è un sito fantastico per la condivisione di ciò che si ama. Questo sito crea un mondo così potente nella organizzazione digitale che alcune persone possono sentirsi sopraffatte da ciò che trovano all'interno. In questo capitolo ti mostrerò i top super pinner che hanno sfruttato Pinterest al massimo in modo che tu possa visitare i loro profili e bacheche e comprendere ciò che li ha resi così grandiosi.

Melissa Alonzo Dillard

4,086 seguaci

2,097 seguiti

94 bacheche

7,893 pin

273 likes (mi piace)

Questa donna conosce quello che ama e il suo campo di specializzazione è una grande risorsa per molti. Ha più di 80 bacheche dedicate alle abilità di insegnamento. Se sei un insegnante di partenza su Pinterest lei divampa un percorso che pochi altri possono seguire.

Ci sono molti altri insegnanti su Pinterest che condividono l'amore verso il loro mestiere ma Melissa li precede per quanto riguarda la creatività e l'intraprendenza. Il suo interesse avido nel proprio campo e l'uso ottimale di Pinterest per illustrarlo mostra la sua dedizione e la sua evidente capacità. Sono le persone come Melissa che rendono Pinterest un sito così meraviglioso. Prendono la loro esperienza acquisita nel mondo reale, conoscenza e interessi e li convertono in bacheche dalle quali le persone possono imparare. Il suo profilo è ricco di bacheche che ti aiuteranno ad apprendere molto sull'insegnamento. Per qualsiasi professionista del campo il profilo di Melissa è tra quelli da seguire. Sa come farne uso del sito per rendere alle persone l'insegnamento più facile e divertente. Questo la rende una super pinner.

Keegan Adriance

508,739 seguaci

234 seguiti

30 bacheche

2,628 pin

0 likes (mi piace)

Se ti piacciono la fotografia e il design allora guarda il profilo di Keegan Adriance per ispirazione e idee. Ha quasi tremila pin e oltre cinquecentomila seguaci tutto grazie alla sua creatività e il suo desiderio di condividerla. Le sue bacheche includono accessori e abiti da uomo e donna. Riempie il suo profilo anche con il suo lavoro nel campo della fotografia e design e condivide i suoi preferiti con tutti. Vale sempre la pena guardare le bacheche di qualità di Keegan e potresti desiderare di rivederle ancora e ancora. Sono ricche di ispirazione per la vita quotidiana, qualcosa che tutti noi abbiamo disperatamente bisogno a volte. La sua posizione su questa lista deriva dal suo interesse assoluto in tutto ciò che fa. Che si tratti di cibo o bevande, cani, o immagini delle sue fotocamere ideali introduce passione nel suo pinning.

Marine Loiseau

279,850 seguaci

903 seguiti

51 bacheche

11,736 pin

329 likes (mi piace)

Le bacheche Pinterest di Marine sono semplici ed eleganti. Tutti i suoi interessi sul sito derivano da una cosa soltanto, la bellezza. Prende i fatti quotidiani che noi diamo per scontati e ne evidenzia la bellezza che sta in essi, e trovare una tale bellezza quotidiana distillata in una fotografia è incredibile. Il suo modo unico di guardare al mondo le ha portato quasi un quarto di milione di seguaci e oltre trecento gradimenti. Se ti senti bloccato nella vita allora vai a guardare le sue bacheche. La sua eccellente bacheca "skin... light" è ricca di immagini spettacolari di luce che interagisce con la pelle, ed è una delle mie preferite. La sua capacità di prendere un concetto semplice ed elevarlo allo stato di arte è una testimonianza della sua visione unica. È la migliore in quello che fa e per questo merita un posto in questo elenco come super pinner.

Ben Silbermann

808,507 seguaci

70 bacheche

3,768 pin

Non è da meravigliarsi che Ben sia un super pinner, è il CEO di Pinterest. Sa esattamente come sfruttare il sito e lo mostra. Ha quasi cento bacheche attive e migliaia di pin. Quando Pinterest ha cominciato a Marzo 2010 come Beta il suo è stato uno dei primissimi profili. Ha cominciato per primo nel mondo del pinning ma questo non è l'unica cosa che lo rende bravo in questo. Ha bacheche di tutti i tipi. Mostra tutti i suoi interessi e a volte semplicemente mette qualcosa di divertente, o che ti riscalda il cuore permettendoti di rilassarti e assaporare la tua esperienza nel pinning. Il profilo di Ben ha molte bacheche dedicate soprattutto agli uomini, che attualmente rappresentano soltanto una piccola percentuale degli utenti di Pinterest.

Jane Wang

2,827,501 seguaci

128 seguiti

90 bacheche

15,428 pin

1,629 likes (mi piace)

Anche la madre di Ben è qualcuno da cui imparare. Veramente lei è la pinner più seguita finora. Il prossimo più seguito pinner ha soltanto la metà dei seguaci che ha Jane Wang. Jane è riuscita a costruire quasi 100 bacheche tutte basate su vari interessi come "problemi", "polpo", "individuo", "divertimento con i bimbi" o "alternative fai da te all'infinito". Se hai visto questi pinner sorprendenti (marchi e singoli individui) ora dovresti avere una comprensione migliore del modo giusto per abbordare Pinterest. Il fattore importante sta nel fatto che tutti quanti condividono il loro interesse per quello che fanno e il loro desiderio sincero di condividere il proprio amore. Se hai la stessa attitudine non avrai alcun problema nell'eccellere una volta presa la mano e un giorno potresti diventare un super pinner te stesso!

9

STRATEGIE PINTEREST AVANZATE

Al momento i principali motori di ricerca sono Google per la ricerca testuale, YouTube/Google per la ricerca video, Pinterest per la ricerca di immagini e Visual.ly che recentemente ha annunciato il loro obiettivo di diventare il leader nella ricerca di infografiche.

Ora che abbiamo imparato i fondamenti di Pinterest e visto alcuni dei maestri del pinning, in questo capitolo vorrei guidarti attraverso strategie più avanzate come ad esempio la SEO Pinterest o come monitorare e misurare i risultati su Pinterest.

SEO per Pinterest

Finora abbiamo visto quanto grande potrebbe essere Pinterest per la tua attività, ma tu sei pronto per Pinterest? Una buona ottimizzazione del tuo sito web, del tuo profilo Pinterest, dei pin e delle bacheche ti aiutano ad essere trovato, pinnato, repinnato e seguito e quindi ad aumentare il traffico al tuo sito.

1. IL TUO SITO È OTTIMIZZATO PER IL PINNING?

Perché il tuo sito sia ottimizzato per Pinterest è altamente consigliato:

a)   di fare uso di permalink;

b)   che tutti i tuoi post abbiano una immagine attraente;

c)   che tutte le tue immagini abbiano tag alt e filigrane all'interno del tuo URL;

d)   che siano stati installati i pulsanti "follow me" e "pin it". Tutti e due i pulsanti porteranno le persone al tuo profilo Pinterest dove potranno scegliere se seguire una o tutte le tue bacheche.

Per installare il pulsante "Follow me" sul tuo sito Wordpress:

1.   Seleziona il tipo di pulsante che vorresti avere sul sito

2.   Copia il codice fornito a destra del pulsante

3.   Vai su Dashboard > Appearance > Widgets >

Available Widgets

4.   Posiziona un widget testuale laddove vorresti vedere comparire il pulsante

5.   Incolla il codice

6.   Sostituisci "username" con il tuo nome utente Pinterest e salva.

Per installare il pulsante "Pin It" al di sotto dei tuoi post sul tuo sito Wordpress:

Il modo più facile per avere il controllo completo su ciò che viene pinnato dal tuo sito consiste nell'installare il plugin Pinterest "Pin It" Button che è già stato scaricato 20,000 volte. Grazie a questo plugin puoi scegliere dove far comparire il tuo pulsante "Pin It": soprastante o sottostante ai post, sulla homepage, post individuali, pagine statiche e archivi.

2. OTTIMIZZA IL TUO PROFILO PINTEREST

Per ottimizzare il tuo profilo Pinterest, assicurati di collegarlo al tuo sito web e ai tuoi account Facebook e Twitter e includi anche le tue parole chiave nelle sezioni "first or last name" e "about". Per il tuo nome utente suggerisco di aggiungere la tua ragione sociale. Per la SEO locale si consiglia di includere la propria città in più sezioni possibili. Puoi anche aggiungere il tuo indirizzo completo e i contatti.

Per poter essere indicizzato dai motori di ricerca non dimenticarti di lasciare la visibilità sul tuo profilo su "off". Il tuo nome e cognome compariranno come titolo nei motori di ricerca.

Fino a recentemente tutti i link su Pinterest compreso quello al tuo sito web dal tuo profilo erano "do follow links". Ora gli unici link "do follow" che puoi ottenere sono quelli provenienti dall'URL di un pin e l'URL che hai incluso nella descrizione del pin, tuttavia possono essere facilmente sostituiti quando una immagine è repinnata.

L'ultimo suggerimento che ho per una migliore ottimizzazione del tuo profilo Pinterest è quello di iscrivere l'URL del tuo feed RSS nelle directory di feed RSS. Per trovare un elenco delle più popolari directory RSS, puoi semplicemente fare una ricerca su Google però suggerisco di utilizzare www.pingler.com, che aiuta veramente. Puoi o eseguire il ping del tuo profilo o soltanto di una bacheca.

Feed utente: feed://pinterest.com/nomeutente/feed.rss

Feed bacheca: feed://pinterest.com/nomeutente/board/rss

3. OTTIMIZZA LE TUE BACHECHE PINTEREST E I PIN

Per ottimizzare le tue bacheche: assicurati di aggiungere una descrizione ricca di parole chiave di al massimo 500 caratteri per ciascuna delle tue bacheche senza cadere nel keyword stuffing. Scegliendo anche la categoria giusta per ciascuna bacheca aiuterà gli utenti a trovare le tue bacheche più facilmente.

Quando una categoria non è aggiunta a una bacheca, Pinterest chiederà ai visitatori della bacheca di catalogarla e questo potrebbe non piacerti. Il titolo delle tue bacheche deve essere breve, interessante e contenere le tue parole chiave.

Per ottimizzare i tuoi pin: così come le bacheche, anche i pin hanno la loro propria descrizione ed è altamente consigliato di includere le tue parole chiave divise da una virgola e l'URL originale. Non dimenticarti anche di aggiungere l'URL nella sezione collegamento del pin. Quando aggiungi una descrizione ad un pin puoi utilizzare:

a) gli hashtag ("#") davanti alle parole chiave in modo che il tuo pin sia facilmente trovabile. Non utilizzare più di tre in una descrizione

b) le menzioni ("@") davanti al nome utente di uno dei pinner che segui per interagire con lui/lei

c) i "like" ai pin delle altre persone se li trovi interessanti ma non corrispondono agli argomenti delle tue bacheche

Monitoraggio E Misurazione Dei Risultati

Quando una immagine viene pinnata dal web acquista automaticamente l'URL della fonte. Se hai contenuto visivo sul tuo sito è possibile che una parte di esso sia già stato pinnato e ricevi traffico da Pinterest.

Per controllare se il tuo sito è già stato pinnato e il tuo URL è stato correttamente aggiunto inserisci il link seguente su Google sostituendo "iltuodominio.com" con il dominio del tuo sito: pinterest.com/source/**iltuodominio.com**. Se trovi qualsiasi delle tue immagini e non sei soddisfatto del modo in cui sono state taggate, puoi sempre inviare una mail all'utente e chiedere di fare le modifiche necessarie.

Una volta che inizi a caricare i tuoi pin, suggerisco di controllare costantemente le statistiche dei pin e quali sono i più popolari in modo da sapere che tipo di contenuto dovresti condividere su Pinterest.

Per controllare le statistiche di un pin, clicca sull'immagine come illustrato nell'esempio sottostante e nella parte di sotto puoi vedere quante volte è stato repinnato, gradito o quanti commenti ha ricevuto.

 **Global & Digital**
Repinned 9 days ago

jcrew

Add a comment...

Pinned onto the board
Women Tops   Edit

Originally pinned by   Pinned via jsnmarket from
Global & Digital   **jcrewing.tumblr.com**

1 Repin
 Cinthya Biancalani onto
Into Feminine Total

1 Like

Su Internet esiste anche uno strumento molto utile che ti aiuta a **misurare la tua popolarità e l'influenza su Pinterest**. Per iscriverti a Pinpuff (pinpuff.com) inserisci semplicemente il tuo indirizzo email e nome utente. Puoi ottenere statistiche come per esempio i punteggi del tuo account, la portata, l'attività o viralità così come anche il numero di seguaci, gradimenti e graditi, pin e bacheche, repin, ecc. Per spiare i tuoi concorrenti ti serve il loro nome utente e in seguito inserisci su Google l'URL seguente sostituendo "nomeutente" con il nome utente Pinterest del tuo concorrente: http://pinpuff.com/user/username.

Precedentemente abbiamo visto alcuni dei super pinner sia come marchi che come singoli individui. Se cerchi persone da seguire puoi iniziare con loro e provare anche uno strumento intitolato Zoomsphere (http://www.zoomsphere.com) che mostra le **persone o marchi più influenti su Pinterest**, Facebook, Twitter, Google+, YouTube o Linkedin. Puoi utilizzarlo gratuitamente e viene aggiornato ogni settimana.

Le persone più seguite su Pinterest

Figura 18: Fonte Zoomsphere

I marchi più seguiti su Pinterest

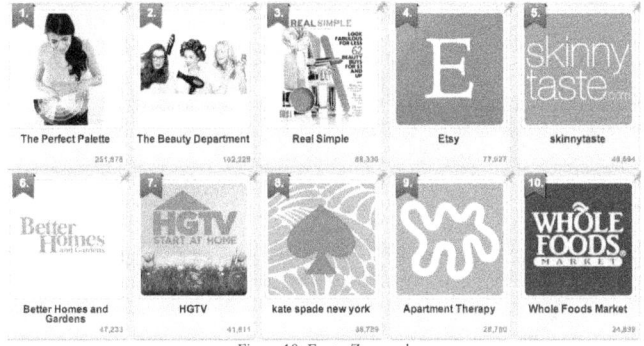

Figura 19: Fonte Zoomsphere

Per monitorare il traffico e le vendite del tuo sito ti consigliamo di utilizzare **Google Analytics** e <u>Pintics</u> che ti aiuta a monitorare vari account Pinterest, però dato che si trova ancora in versione beta devi domandare un invito.

10
22 STRUMENTI PER MIGLIORARE LA TUA ESPERIENZA PINTEREST

Mentre Pinterest è riuscita a far aumentare il proprio numero utenti in un periodo molto breve, molte aziende hanno notato la crescita fenomenale e l'interesse per Pinterest e hanno creato applicazioni e strumenti per migliorare la tua esperienza Pinterest. Questo è nulla di nuovo dato che abbiamo visto sviluppi simili riguardo a Twitter, Facebook o YouTube.

ZoomSphere
Con ZoomSphere, un utente può ottenere aggiornamenti popolari e tendenze da Pinterest e altri social network (Facebook, Twitter, YouTube, Google+ e Linkedin) tutti su un'unica pagina e in un unico account.

Pinerly
Esattamente come Twitter Karma, Pinerly è una dashboard che permette una gestione e un controllo chiaro del tuo accont Pinterest. Utilizzando questo strumento, puoi seguire facilmente i Pinner, non seguirli più, scoprire i pin popolari e

ottenere statistiche sui pin. La caratteristica di Pinerly che porta più benefici è forse la sua "Schedule Pins", simile a Social Oomph per Twitter, attraverso la quale è possibile automatizzare il pinning e il repinning di alcuni post.

Pintics

Pintics è prevalentemente uno strumento di analisi. L'obiettivo primario di Pintics consiste nell'offrire dati correlati al traffico che la tua bacheca può generare. Permette a una persona di gestire vari account mentre monitorizza il traffico e altre informazioni riguardanti le vendite. Questo strumento è allo stadio di beta ed è possibile iscriversi per ottenere un invito.

PinReach (precedentemente conosciuto come PinClout)

PinReach è un altro strumento di analisi che una persona potrebbe utilizzare per ottenere tendenze e comprendere l'attività di un account. PinReach pubblica un punteggio in base a queste attività e tendenze e il punteggio determina quanto è influente un account.

Pinpuff

Pinpuff è un altro strumento per stimare le tendenze e misura la popolarità di un account tra gli utenti di Pinterest e il valore di ogni pin. Lo strumento è in versione beta e attualmente non è aperto a tutti.

Curalate

Curalate è l'ultimo strumento di analisi che consiglio di sfruttare per rintracciare, misurare e monitorare la popolarità del tuo marchio. Tutti gli strumenti menzionati in questo libro sono ancora in versione beta. Pertanto suggerisco di iscriverti a tutti e utilizzarli per un periodo prima di decidere quale fornisce i dati che ti servono.

Pin A Quote

Anche se Pinterest è soprattutto per le immagini, le citazioni e il contenuto vario non possono essere esclusi. Con PinAQuote puoi evidenziare e pubblicare su Pinterest testo da qualsiasi fonte web. Può anche essere utilizzato per condividere lo stesso contenuto nello stesso momento su social network multipli.

SpinPicks

Questa applicazione per aggiungere le foto inizialmente si chiamava "Spinterest" e ora dopo qualche modernizzazione si sono presentati con questo nuovo nome, "SpinPicks". L'applicazione permette agli utenti di eseguire il login con il proprio account Pinterest o un account indipendente e aggiungere immagini da varie piattaforme visive come

Pinterest, Instagram, Twitpic, Flickr, Reddit, YouTube e PicPlz. Le uniche escluse da questa lista sono Google.com, Facebook.com, Tumblr e Bing e questo per evitare problemi riguardanti i diritti d'autore. Offre anche altre possibilità come per esempio pubblicare o gradire una bacheca o anche seguire un utente in particolare ma questo richiederebbe la presenza online su Pinterest al momento di tale utente. Tuttavia direi che la migliore opzione che offre è l'"auto-spin" consistente nel scegliere una categoria e la piattaforma visiva dove si desidera cercare contenuto e in seguito cliccare su "click to spin". Dopo pochi secondi SpinPicks proporrà alcuni contenuti favolosi che potrai repinnare sulla tua bacheca Pinterest.

WiseStamp

WiseStamp è probabilmente uno dei migliori strumenti da utilizzare assieme a Pinterest in quanto trasforma una firma email in uno strumento promozionale aggiungendo il pulsante "Follow Me On ..." ("Seguimi Su ..." qualsiasi social network grande, Pinterest incluso) in fondo alla firma nelle email. Dovresti scaricare questo programma e personalizzarlo con la tua firma email e i collegamenti ai tuoi account social media ed è fatta. Per gli utenti Pinterest, WiseStamp ha una sorpresa. Una volta creata la propria firma e pinnata su Pinterest con il tag "@WiseStamp" nella descrizione, WiseStamp la repinnerà sulla loro bacheca "Your Signature Here!". Non dimenticarti di aggiungere il tuo link alla firma pin.

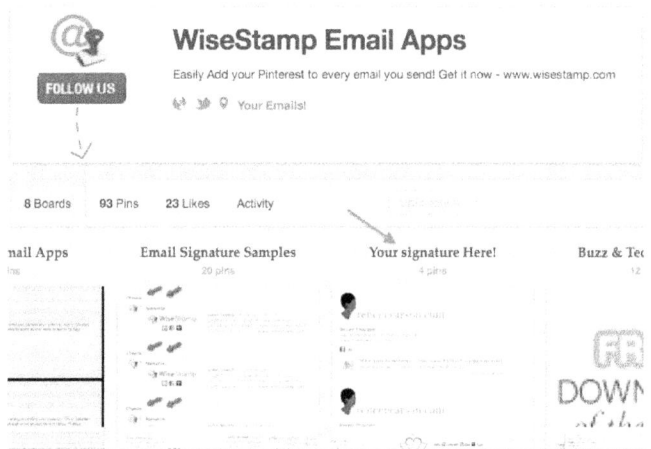

Snapito

Snapito è una applicazione che permette ad un utente di inserire l'indirizzo di un sito web, fare una screenshot della pagina intera e pubblicarla direttamente su Pinterest. Attraverso Snapito è possibile anche aggiungere una data e ora alla screenshot in modo da sapere a quando risale o scaricare la pagina completa in formato *.png.

Visual.ly

Visual.ly è uno strumento che permette alla gente di creare contenuti grafici in base ai dati che si possiedono e senza alcun software o conoscenza approfondita in materia di animazione o qualsiasi altro tipo di grafica. Pinterest essendo un sito di immagini e quindi di contenuto grafico, Visual.ly è decisamente uno strumento unico nel suo genere che può essere utile quasi a qualsiasi utente che ha un account su Pinterest.

Pingler

Pingler è uno strumento gratuito che permette agli utenti di pingare un sito web o una pagina web su più siti, blog e forum o sui social network. Sfruttando Pingler, una persona può facilmente inserire il nome del sito o della pagina web, caricare l'URL e decidere la categoria nella quale dovrebbe essere pingato o pubblicato. Offrono una iscrizione sia gratuita che premiun, con opzioni aggiuntive.

PicSlice

PicSlice è l'applicazione che può essere utilizzata per ritagliare e ridimensionare immagini prima di caricarle su Pinterest.

Estensioni Google Chrome

Forse ci si aspetta che quando un social network o qualsiasi cosa online diventi virale, i browser web popolari inventino strumenti ed estensioni per gestire facilmente i contenuti. Google Chrome ha preso in considerazione tali aspetti e qui ci sono alcune estensioni già disponibili gratuitamente.

ShotPin

ShotPin consente ad un utente di fare una screenshot di una pagina web, video, immagine o qualsiasi cosa che potrebbe essere mostrata dal browser e pubblicarla direttamente su Pinterest.

Pinzy

Pinzy è un'applicazione utile ad avere. Una volta che hai questa estensione installata, non devi più cliccare su un'immagine su Pinterest per ingrandire la sua visualizzazione, e nemmeno serve aprirla in una nuova finestra o scheda. Puoi semplicemente portare il mouse su di essa e la dimensione più grande dell'immagine apparirà nella stessa risoluzione e senza alterare la pagina.

Screen 2 Pin

Anche questa estensione è uno strumento per pubblicare una screenshot presa da ovunque nel web direttamente su

Pinterest. La differenza rispetto agli altri strumenti consiste nel fatto che non serve inserire l'URL o fare la screenshot attraverso il tasto sulla tastiera. È possibile semplicemente cliccare sull'icona presente sulla barra degli strumenti che prenderà automaticamente l'URL attuale per pubblicarlo. La stessa estensione di Google Chrome può essere sfruttata anche per pubblicare screenshot su Twitter e Facebook.

Pin Search

Pin Search sarà sicuramente la più interessante applicazione che incontreremo. È stato per molto tempo che abbiamo cercato contenuti utilizzando le parole. Ora possiamo utilizzare Pin Search per cercare un'immagine e acquisire tutte le informazioni associate all'immagine stessa: i siti sui quali l'immagine è pubblicata, foto simili e altri dettagli come per esempio il designer o il fotografo che l'ha creata.

Pinterest Pin It Button (by Shareaholic)

Mentre esistono molti "Pulsanti Pin It Pinterest" disponibili online, questo creato da Shareaholic consente all'utente anche capire quante volte un particolare pin è stato repinnato. Questa è certamente una caratteristica nuova che molte persone vorrebbero sfruttare.

Extended Share for Google Plus

Questa estensione Google Chrome consente agli utenti di aggiungere un link "Share on..." ("Condividi su...") a ciascun post Google Plus. E puoi aggiungere fino a 19 link social network: Pinterest, Facebook, Twitter, Linkedin, Tumblr, StumbleUpon, ecc

Plugin WordPress

WordPress è sicuramente uno degli strumenti più utilizzati per pubblicare online contenuti e non è sorprendente che sono stati creati dei plugin Pinterest.

Plugin Pinterest Pin It Button

Consente di aggiungere il pulsante "Pin It" al tuo sito o post WordPress in modo che i lettori sappiano che è possibile pinnare facilmente il tuo contenuto visivo sulle loro bacheche Pinterest.

Plugin Pretty Pinterest Pins

Con il widget "Pretty Pinterest Pins" puoi facilmente creare una sidebar personalizzata sui cui puoi mettere tutti gli ultimissimi pin Pinterest o pin da bacheche particolari (tue o di altri utenti). Questo è un modo conveniente di evidenziare alcuni contenuti che vorresti e anche la qualità del tuo profilo in un colpo d'occhio. È un'idea brillante anche avere un pulsante "Seguimi su Pinterest" in fondo a Pretty Pinterest Pins.

Plugin Watermark Reloaded

C'erano già alcuni problemi riguardanti i diritti di autore con Pinterest, all'inizio, e che si tratti di immagini o video, è inevitabile che ci sia violazione dei diritti di autore. Watermark Reloaded è uno strumento semplice per inserire la tua firma come filigrana nelle immagini che possiedi. Questo forse è il modo più facile per garantire la sicurezza delle tue immagini e impedire gli usi abusivi o la diffusione senza un riconoscimento della tua proprietà.

11
E ORA DA CHE PARTE?

Queste sono state soltanto alcune delle cose che puoi fare su Pinterest come azienda. È arrivato il momento di cominciare a pinnare. Pinterest sta decollando e l'opportunità è immediata. Esistono molti strateghi web che affermano che potrebbe superare Facebook. Non commenterò su questa possibilità in quanto Facebook stesso è un fenomeno tuttavia intendo far notare che Pinterest è cresciuto velocemente ed ha già superato in materia di traffico molti altri social network. Sta crescendo e sta crescendo rapidamente. Se lo fai nel modo giusto, può essere uno strumento di marketing migliore di Facebook, Google+, e Twitter messi insieme non solo grazie al suo rateo di crescita e potenziale ma grazie al suo approccio unico.

Finora, Pinterest ha dimostrato di poter aiutare ad incrementare notevolmente il traffico al tuo sito web, incrementare le vendite, però anche creare gare, fare ricerca di mercato, e presentare il proprio nome a milioni di pinner. Che altro puoi pretendere da uno strumento di marketing?

Riassumendo, vorrei elencare tutti i passi chiave che ho presentato in questo libro che aiuteranno a trasformare la tua esperienza in un pinning di successo.

1° Passo: decidi se l'account Pinterest è a scopo personale o aziendale

2° Passo: stabilisci il tuo obiettivo su Pinterest: portare traffico al tuo sito, ottenere lead, incrementare le vendite, costruire presenza sul mercato, fare ricerca di mercato, testare nuoi prodotti o perfino istruire

3° Passo: conoscere il tuo mercato target. Qualsiasi azienda può avere successo su Pinterest con poca creatività. Ad esempio tante immagini da marchi popolari come Apple, Microsoft e IBM sono pinnate sempre

4° Passo: delinea la metrica di successo – che risultati ti servono per considerarti di successo su Pinterest

5° Passo: ottieni l'invito. Ci sono alcuni modi per questo: dal sito, da me stessa o da qualcuno che conosci personalmente o via web

6° Passo: imposta il tuo account iscrivendoti o con Facebook o con Twitter

7° Passo: installa il pulsante "Pin It" nel tuo browser

8° Passo: ottimizza il tuo sito per Pinterest

9° Passo: otimizza il tuo profilo Pinterest

10° Passo: stabilisci una strategia di contenuto e crea bacheche interessanti. Sii creativo riguardo alle tue bacheche e mantieni i titoli brevi. Diventa personale: crea una bacheca che comunica la storia della tua azienda in un modo visivo. Non tenere bacheche vuote. Posiziona in cima le bacheche più popolari. Crea almeno 8 bacheche con 5 pin ciascuna. Ottimizza le tue bacheche

11° Passo: inizia a pinnare! Pinna il tuo blog o sito web. Pinna le cose delle altre persone. Pinna ogni giorno e tanto. Aggiungi prezzi se vendi prodotti

12° Passo: ottimizza i tuoi pin. Aggiungi descrizioni appropriate, edita i collegamenti, aggiungi prezzi, utilizza video e crea contenuti autentici. Attraverso pin potenti puoi rilassarti perché una volta diventati virali gli altri faranno il lavoro per te

13° Passo: comunica credibilità ed esperienza attraverso i tuoi pin: insegna (video, infografici, fornisci una soluzione ad un problema), condividi i risulati (prima e dopo), fai sapere la tua storia e aggiungi valore

14° Passo: interagisci con il tuo pubblico: repinna, commenta, gradisci, menziona, promuovi anche con gli altri social network. Trova pinner influenti

15° Passo: sii creativo per quanto riguarda le tue bacheche e i tuoi pin. Sono come una pagina del tuo sito; le persone possono commentare i sondaggi sotto forma di immagini, gare per le migliori referenze o slogan, coupon, codici QR con un messaggio sorpresa, bacheche per i pinner ospiti, i pin della settimana, prodotti esclusivi, inviti ad un evento, gruppi di prodotti che possono essere votati attraverso i gradimenti, collegamenti a freebie per costruire il proprio elenco, ecc.

16° Passo: monitorizza e misura i risultati. Non vuoi fare cose senza sapere se ti portano valore

17° Passo: utilizza tutti i <u>goodies Pinterest</u> e sfrutta gli strumenti raccomandati in questo libro.

Spero ti sia piaciuto questo libro e che tu l'abbia trovato estremamente utile come utente attuale o potenziale di Pinterest, che tu sia un consumatore, un'azienda o un professionista del marketing online.

Apprezzerei se tu potessi condividere con altri lettori la tua opinione su Amazon. Se ancora ti serve un invito a Pinterest o hai domande correlate agli argomenti trattati in questo libro, non esitare a contattarmi inviandomi una mail a globalndigital@gmail.com. Altrimenti mi puoi seguire su Pinterest: <u>pinterest.com/GlobalDigital</u> o Twitter: <u>www.twitter.com/GlobalnDigital.</u>

Continuando la mia ricerca e sperimentazione su Amazon, aggiornerò questo libro. Come già sai, farò questo semplicemente aggiungendo contenuti al mio libro e caricando il nuovo libro su Amazon. Tuttavia questo significa che non avrai i benefici risultati dalla mia nuova ricerca e sperimentazione. Sei pregato di inviarmi una mail a globalndigital@gmail.com in modo che io sappia che sei interessato a ricevere copie aggiornate di questo libro non appena vengono rilasciate.

NOTE SULL'AUTORE

Gabriela Taylor è una Stratega Globale di Marketing Online e Consulente che ha lavorato con alcuni dei marchi più importanti al mondo in materia di Telecomunicazioni, Vendita al Dettaglio, Stili di Vita e Pubblicità.

Esperta riconosciuta e specialista di Social Media, Mobile Marketing, Adwords e Search Engine Optimization, parla correntemente 7 lingue, ha vissuto e lavorato in molti paesi in tutto il mondo ed ha esperienza nell'implementazione di strategie di successo per la presenza sul web sia per le attività appena avviate che per le grandi imprese.

È la fondatrice di Global N' Digital, una azienda di consulenze specializzata in servizi di Marketing Online e Pratiche Commerciali Transculturali in tutto il mondo.

ALTRI LIBRI DI GABRIELA
TAYLOR:

*The Ultimate Guide To Building And
Marketing Your Business With ...*

*A Step By Step Guide To Unlocking The Power Of Google
Tools And Maximizing Your Online Potential*

GABRIELA TAYLOR

127

*The Ultimate Guide To Building
And Marketing Your Online Business*

*Discover The Free Tools & Top Tips That Will Kick
Start, Grow And Maximize Your Online Business*

GABRIELA TAYLOR

www.ingramcontent.com/pod-product-compliance
Lightning Source LLC
Chambersburg PA
CBHW051216170526
45166CB00005B/1923